LEY DE SEGUNDA OPORTUNIDAD

CÓMO COMENZAR DE NUEVO ECONÓMICAMENTE

CLAUDIA OJEDA

www.ley-segunda-oportunidad.guiaburros.es

EDITATUM

Diseño de cubierta: © Marta Villarín (EDITATUM)

Maquetación de interior: © EDITATUM

Primera edición: marzo de 2026

ISBN: 979-13-87539-98-6

Depósito Legal: M-3304-2026

IMPRESO EN ESPAÑA/ PRINTED IN SPAIN

Te invitamos a registrar la compra de tu libro o *e-book* dándote de alta en el **Club GuíaBurros,** obtendrás directamente un cupón de **2 € de descuento** para tu próxima compra.

Además, si después de leer este libro lo has considerado útil e interesante, te agradeceríamos que hicieras sobre él una **reseña honesta en cualquier plataforma de opinión** y nos enviaras un *e-mail* a **opiniones@guiaburros.es** para poder, desde la editorial, enviarte **como regalo otro libro de nuestra colección.**

Sobre la autora

 **Claudia Ojeda,** licenciada en Derecho, cuenta con un máster en Administración y Dirección de Empresas Digitales y un máster en Marketing Digital. Actualmente ocupa el cargo de responsable del Departamento Jurídico de GESTORUM

En sus diez años de trayectoria laboral, ha incursionado en el campo del derecho inmobiliario, derecho de obligaciones y contratos, propiedad intelectual, derecho laboral, derecho administrativo, mercantil y concursal.

Ha logrado obtener conocimientos y acumular experiencia en las actividades de seguros personales, asistencia directa de servicio al cliente, gestión comercial directa de productos y servicios, *marketing* digital, protección de datos y ciberseguridad

En estos últimos años, se ha especializado en derecho mercantil y concursal, donde ha trabajado de forma continuada en procedimientos de Ley de Segunda Oportunidad y concursos de acreedores.

Índice

Introducción

El problema del sobreendeudamiento en España

Hablar de deudas es hacerlo de una realidad que afecta a miles de familias y autónomos en nuestro país.

El sobreendeudamiento no es simplemente tener un préstamo pendiente o una hipoteca que pagar, sino la situación en la que las obligaciones económicas superan la capacidad real de quien las asume. En otras palabras, cuando, aunque se hagan esfuerzos por pagar, los ingresos no son suficientes para cubrir los gastos básicos y además responder a los acreedores.

En España, el sobreendeudamiento se ha convertido en un fenómeno cada vez más frecuente en los últimos años. La crisis financiera de 2008 dejó a miles de hogares atrapados en préstamos e hipotecas que se hicieron imposibles de pagar tras la pérdida del empleo o la reducción de ingresos. Más tarde, la pandemia de la COVID–19 volvió a golpear duramente a trabajadores y autónomos, muchos de los cuales vieron reducida su actividad de un día para otro.

Pero, más allá de las grandes crisis, también hay factores cotidianos que explican por qué tantas personas terminan endeudadas más allá de lo razonable. Un despido inesperado, una enfermedad que impide trabajar, un divorcio o una mala racha en los negocios pueden desestabilizar la economía de cualquier hogar. Y cuando se entra en la espiral de pedir un préstamo para pagar otro, usar tarjetas de crédito para llegar a fin de mes o recurrir a créditos rápidos, la situación se vuelve insostenible.

Las consecuencias del sobreendeudamiento no son solo económicas. La presión de las llamadas de bancos y acreedores, la amenaza de embargos o desahucios, e incluso el sentimiento de fracaso personal generan un gran impacto psicológico. No es extraño que muchas personas que viven atrapadas por las deudas sufran ansiedad, insomnio o depresión, y que sientan que su vida está paralizada.

En este contexto surge la necesidad de ofrecer una salida legal y ordenada a quienes, pese a haber actuado de buena fe, no pueden hacer frente a todas sus obligaciones.

Es aquí donde entra en juego la Ley de Segunda Oportunidad.

¿Por qué nace la Ley de Segunda Oportunidad?

La llamada Ley de Segunda Oportunidad no es una ocurrencia reciente ni una particularidad española, sino la adaptación a nuestra realidad social y económica de un modelo internacional consolidado.

En países como Estados Unidos, Francia o Alemania existen mecanismos similares desde hace décadas que permiten a las personas físicas insolventes liberarse de sus deudas y empezar de nuevo, siempre en condiciones de buena fe y supervisión judicial.

El principio inspirador es simple pero profundamente humano: permitir que una persona que ha fracasado económicamente pueda rehacer su vida, del mismo modo que lo hace una empresa tras un concurso de acreedores, siempre que actúe de manera honesta y colaboradora.

Durante muchos años, en España solo las empresas podían acogerse a un procedimiento concursal para renegociar o cancelar sus deudas. Las personas físicas y los autónomos quedaban fuera de ese marco. Esto generaba una desigualdad evidente:

1. Una empresa podía declararse en concurso, liquidar su patrimonio, extinguir sus deudas y volver a operar.
2. Un ciudadano común, en cambio, quedaba atrapado de por vida por sus obligaciones financieras, sin posibilidad de cancelar ni de recuperar su estabilidad económica.

Miles de familiares, tras la crisis económica de 2008, se vieron en una situación de sobreendeudamiento irreversible: hipotecas impagadas, préstamos personales, avales cruzados o deudas fiscales. Estas personas, sin mecanismos de alivio, se enfrentaban a una *muerte civil*, es decir, a la imposibilidad de abrir una cuenta bancaria, acceder al crédito, emprender o incluso alquilar una vivienda.

Ante esta realidad, surgió una fuerte presión social y política. Diversas asociaciones de consumidores, juristas y colectivos de autónomos comenzaron a reclamar una herramienta que permitiera a las personas físicas rehabilitarse económicamente.

Al mismo tiempo, la Unión Europea impulsaba cambios en esa dirección e insistió a sus Estados miembros para que implantaran mecanismos eficaces de condonación de deudas para empresarios honestos.

España no podía permanecer al margen y la necesidad de alinearse con las políticas comunitarias y de reactivar la economía interna hizo inevitable la creación de un procedimiento similar. Por ello, en 2015 se aprobó en nuestro país, mediante el Real Decreto Ley 1/2015, de 27 de febrero, la Ley de Segunda Oportunidad. Con ello se introducía por primera vez en España un procedimiento específico para personas físicas insolventes, tanto particulares como autónomos.

El objetivo era claro: ofrecer a las personas físicas, tanto particulares como autónomos, la posibilidad de cancelar total o parcialmente sus deudas y empezar de cero, tras demostrar la buena fe del deudor y cumplir ciertos requisitos. Con ello, la ley reconocía que el fracaso económico no siempre implica mala fe, y que una sociedad moderna debe permitir la recuperación y reinserción económica de quienes han actuado con honestidad.

La experiencia práctica demostró que el procedimiento inicial resultaba lento, complejo y costoso, especialmente para personas físicas sin recursos. Por ello, se fueron introduciendo varias reformas y todo culminó con la Ley 16/2022, de 5 de septiembre, que reformó en profundidad la Ley Concursal.

Esta reforma simplificó los trámites, amplió los supuestos de exoneración de deudas con Hacienda y Seguridad Social, e introdujo mayor flexibilidad en los planes de pago. Además, se reconoció la posibilidad de obtener la exoneración sin liquidar todos los bienes, mediante un plan de pagos, aprobado judicialmente, lo que antes no era posible.

Aunque sigue siendo un proceso complejo y con matices, hoy podemos decir que la segunda oportunidad es una herramienta real para miles de ciudadanos que buscan recuperar la tranquilidad y la dignidad financiera.

En definitiva, la ley nace para equilibrar la balanza entre acreedores y deudores, ofrecer justicia social y permitir que las personas honestas que lo han perdido todo puedan reinsertarse en la vida económica.

Gracias a la ley, miles de personas pueden hoy reconstruir su vida económica, familiar y personal, y contribuir de nuevo a la sociedad desde la legalidad y la estabilidad financiera.

A quién va dirigido este libro

Es para ti si sientes que las deudas te superan y no ves salida. No importa si eres un particular que perdió su empleo y no puede afrontar los préstamos personales, un autónomo que acumuló deudas, o alguien que avaló a un familiar o amigo y ahora tiene que pagar. El objetivo es que entiendas cómo funciona la Ley de Segunda Oportunidad, quién puede beneficiarse de ella y qué implica acogerse a este procedimiento. No se trata de un manual jurídico, sino de una guía clara que explica con sencillez un proceso legal que puede cambiar la vida de muchas personas. También está pensado para quienes están cerca de personas que tienen deudas: asesores, abogados, familiares, amigos… así podrán acompañar y orientar a quienes están atrapados por el sobreendeudamiento.

Este libro no promete milagros ni soluciones mágicas, ni es una invitación a dejar de pagar alegremente las deudas. La Ley de Segunda Oportunidad es un camino legal y regulado que exige responsabilidad, transparencia y buena fe por parte del deudor. Ofrece una salida realista y justa para aquellas personas que, pese a sus esfuerzos, ya no pueden más. Permite que la vida económica y personal no quede arruinada permanentemente por una mala racha, un error o un cúmulo de circunstancias imprevistas.

Si al terminar este libro tienes una idea clara de si la Ley de Segunda Oportunidad es adecuada para ti —o para alguien que conoces—, entonces habrá cumplido su propósito.

¿Qué es la Ley de Segunda Oportunidad?

Una definición clara y sencilla

El propio nombre de la norma ya dice mucho. No se trata de un privilegio ni un perdón arbitrario, ni de un regalo inmerecido, sino de un mecanismo legal de justicia social y económica diseñado para que personas físicas —ya sean particulares o trabajadores autónomos— que se encuentran en una situación de insolvencia puedan cancelar, total o parcialmente, sus deudas y comenzar de nuevo, libres del peso que supone vivir indefinidamente acosados por acreedores, embargos y amenazas judiciales.

La Ley de Segunda Oportunidad nace con una idea central: todas las personas merecen una nueva oportunidad después de haber fracasado económicamente. Así, al igual que las empresas pueden acogerse a un concurso de acreedores para restructurar o liquidar su deuda y seguir adelante, los ciudadanos también deben tener un camino jurídico para reconstruir su estabilidad financiera y personal. Este sistema reconoce que el fracaso económico no es un delito ni una deshonra, sino una circunstancia posible en cualquier economía moderna. La finalidad no es castigar al deudor, sino rehabilitarlo y permitir su reintegración en el circuito económico y social.

En este capítulo vamos a desmenuzar en qué consiste exactamente la ley, qué objetivos persigue, cuáles son sus bases jurídicas y cómo se diferencia de otros procedimientos de insolvencia.

Podemos definir la Ley de Segunda Oportunidad así: es un mecanismo legal previsto en el Texto Refundido de la Ley Concursal (TRLC) que permite a las personas físicas —ya sean particulares o trabajadores autónomos— liberarse total o parcialmente de sus deudas cuando se encuentren en una situación de insolvencia real, siempre que cumplan determinados requisitos de buena fe y se sometan a un procedimiento controlado por la autoridad judicial.

Se trata de un sistema que busca ofrecer una salida justa y ordenada al sobreendeudamiento, evitando que quien ha fracasado económicamente quede condenado de por vida a la exclusión financiera y social.

La finalidad de la Ley de la Segunda Oportunidad es que, después de agotar este proceso, el deudor pueda obtener el beneficio de exoneración del pasivo insatisfecho (BEPI), que no es otra cosa que el perdón legal de las deudas que no se han podido pagar tras completar el procedimiento de insolvencia.

El BEPI puede obtenerse de dos formas: con liquidación del patrimonio del deudor, cuando este entrega todos sus bienes disponibles para pagar a los acreedores y solicita al juez la exoneración de lo que queda pendiente; o sin liquidación, mediante un plan de pagos supervisado judicialmente, que permite conservar ciertos bienes como la vivienda habitual o un vehículo necesario para trabajar, mientras se pagan las deudas en un tiempo razonable, generalmente entre 3 y 5 años. En ambos casos, el deudor debe cumplir con sus obligaciones de transparencia, colaboración y buena fe, demostrando que no oculta bienes y sin actuar con fraude o negligencia grave.

La Ley de Segunda Oportunidad se aplica a todas las personas físicas, sean o no empresarias.

- Particulares que han acumulado deudas particulares: hipotecas impagadas, préstamos bancarios, tarjetas de crédito, avales, microcréditos o deudas por servicios.
- Trabajadores autónomos que han contraído deudas con proveedores, clientes, Hacienda, Seguridad Social y que no puedan hacer frente a sus obligaciones, a pesar de haber actuado con diligencia.

A diferencia de un simple acuerdo privado con acreedores, la segunda oportunidad es un procedimiento judicial o preconcursal, lo que significa que interviene un juez de lo mercantil, se garantiza la seguridad jurídica de todas las partes y con el resultado final de exoneración, impidiendo nuevas reclamaciones por las mismas deudas. Se puede decir que esta ley ofrece un borrón y cuenta nueva financiero, pero sometido a un estricto control. No se trata de perdonar deudas a quien no quiere pagar, sino de dar una segunda oportunidad a quien realmente no puede hacerlo pese a haber actuado correctamente.

En definitiva, la Ley de Segunda Oportunidad es mucho más que un procedimiento judicial, también es un instrumento de reinserción económica, social y personal.

Gracias a este mecanismo, miles de familias y autónomos en España han podido empezar de nuevo, reemprender su actividad, volver a cotizar, alquilar una vivienda o simplemente vivir sin el temor constante a perderlo todo.

¿Qué persigue esta ley? ¿Cuáles son sus objetivos principales?

La Ley de Segunda Oportunidad surge con una vocación clara: proporcionar un marco jurídico que permita a las personas físicas y autónomas salir del círculo vicioso del endeudamiento perpetuo, fomentando su reintegración económica y social.

El espíritu de la norma se apoya en tres pilares fundamentales: la buena fe del deudor, la proporcionalidad entre derechos y obligaciones, y la reactivación económica del individuo y del sistema.

Liberar a las personas honestas atrapadas por deudas impagables

Uno de sus fines es permitir que quienes han actuado de forma responsable, pero se han visto sobrepasados por circunstancias económicas adversas, puedan empezar de nuevo.

Se trata de reconocer que la insolvencia no siempre deriva de una mala gestión o de una conducta dolosa: muchas veces es consecuencia de crisis económicas, pérdida de empleo, impagos de terceros o situaciones personales imprevistas. No se trata de premiar la irresponsabilidad, sino de ayudar a quienes han actuado con buena fe pero no han podido evitar el colapso económico.

Esta buena fe se traduce en:

- Haber intentado pagar o llegar a acuerdos con los acreedores.
- No haber generado deudas de forma fraudulenta o con intención de no pagarlas.
- Actuar con transparencia durante el procedimiento.

De lo que se trata es de romper con la idea del *deudor culpable* y sustituirla por la del *deudor honesto pero desafortunado*.

Favorecer la reinserción económica y social del deudor

Otro objetivo central es la reinserción económica y social del deudor en el sistema.

Antes de esta ley, una persona insolvente podía quedar marcada de por vida, sin acceso a financiación, vivienda o actividad profesional. Esto generaba no solo un problema personal, sino también económico y social.

La segunda oportunidad permite que, una vez cumplidas las obligaciones legales, el deudor vuelva a participar activamente en la economía, contribuyendo nuevamente con su trabajo, consumo y pago de impuestos. En este sentido, la ley rompe el ciclo de exclusión que condenaba a muchos ciudadanos. A través de la exoneración de deudas, se restablece su dignidad financiera y personal, y se le abre la puerta a una vida libre de cargas insostenibles.

Equilibrar las relaciones entre deudores y acreedores

Durante años la legislación española ofrecía una protección casi absoluta a los acreedores, ya que podían reclamar indefinidamente las deudas, acumular intereses y embargar bienes o ingresos sin límite temporal. El deudor en cambio no tenía un marco legal para defenderse o para *resetear* su situación económica.

La Ley de Segunda Oportunidad corrige ese desequilibrio, creando un marco más justo que mantiene el derecho legítimo del acreedor a cobrar, a la vez que reconoce que este derecho no puede ejercerse eternamente si el deudor carece de medios reales para pagar.

Desincentivar la economía sumergida y fomentar la transparencia

Antes de la entrada en vigor de la ley, muchas personas y autónomos endeudados abandonaban el circuito legal: cerraban sus negocios, trabajaban si declarar ingresos o evitaban registrar bienes a su nombre para escapar de embargos. Con la Ley de la Segunda Oportunidad el Estado ofrece un camino legal y transparente para resolver la insolvencia, evitando que el deudor se vea empujado a la clandestinidad económica.

Impulsar la recuperación del tejido empresarial y del consumo

Indirectamente, esta ley también tiene un impacto macroeconómico positivo, al permitir que las personas endeudadas se liberen y vuelvan a integrarse en el mercado, con lo que se aumenta el consumo, se reactivan pequeños negocios y se reduce el desempleo estructural.

Adaptar el ordenamiento español a las directrices europeas

Finalmente, la ley también responde a un compromiso internacional. De esta manera España se alinea con los países europeos que desde hace años aplican políticas activas de segunda oportunidad.

Bases jurídicas de la ley

La Ley de Segunda Oportunidad en España se introdujo mediante el Real Decreto Ley 1/2015, de 27 de febrero, de mecanismos de segunda oportunidad, reducción de carga financiera y otras medidas de orden social.

Aunque este decreto ley supuso un punto de partida, su reducción inicial resultó compleja y poco práctica, generando inseguridad jurídica y numerosas interpretaciones judiciales. Por ello, se fue modificando y consolidando dentro de la legislación concursal general, hasta integrarse plenamente en el Texto Refundido de la Ley Concursal (TRLC), aprobado por el Real Decreto Legislativo 1/2020, de 5 de mayo.

El TRLC unificó en un solo texto todas las normas dispersas sobre insolvencia, incluyendo el mecanismo de la segunda oportunidad, que pasó a formar parte del libro segundo, "Del concurso de acreedores", en particular del título XI, dedicado al BEPI.

Posteriormente, la Ley 16/2022, de 5 de septiembre, de reforma del Texto Refundido de la Ley Concursal, introdujo cambios profundos en el sistema, adaptándolo a la Directiva (UE) 2019/1023 del Parlamento Europeo y del Consejo. Esta reforma simplificó el procedimiento, amplió los supuestos de exoneración y reforzó la figura del deudor de buena fe.

En la actualidad, la regulación principal de la segunda oportunidad se encuentra en los artículos 486 a 502 del Texto Refundido de la Ley Concursal (TRLC) bajo el título "Del beneficio de exoneración del pasivo insatisfecho".

Estos artículos establecen los requisitos que se deben cumplir, las modalidades de exoneración, los efectos de la exoneración y las causas de revocación.

Asimismo, el TRLC remite a otros preceptos relacionados con la tramitación procesal del concurso de persona natural (arts. 552 y ss.) y con la figura del administrador concursal, que interviene en el proceso de liquidación o control del plan de pagos.

Además del TRLC, existen otras normas y disposiciones que inciden en la materia:

- Ley 16/2022, de 5 de septiembre, que reforma la Ley Concursal y traspone la Directiva (UE) 2019/1023.
- Reglamento (UE) 2015/848 sobre procedimientos de insolvencia, aplicable a los supuestos trasfronterizos.
- Ley Orgánica 7/2022, que modifica el Código Penal en materia de insolvencias punibles, reforzando la distinción entre el deudor honesto y el deudor doloso.
- Normas procesales y mercantiles que regulan la competencia de los juzgados mercantiles y los efectos de las resoluciones judiciales.

Hoy en día, la Ley de Segunda Oportunidad no es una ley autónoma, sino un conjunto de disposiciones integradas en el Texto Refundido de la Ley Concursal, que constituyen el marco jurídico general del derecho a la exoneración de deudas de las personas físicas.

Diferencias con otros procedimientos de insolvencia

Una pregunta habitual cuando se habla de la Ley de Segunda Oportunidad es en qué se diferencia de un concurso de acreedores tradicional. Aunque ambos procedimientos se enmarcan dentro del derecho concursal y comparten una misma base jurídica (el Texto Refundido de la Ley Concursal – TRLC), su finalidad, sujetos, alcance y efectos son distintos.

Concurso de acreedores de empresas

El concurso de acreedores empresarial está diseñado para personas jurídicas (sociedades mercantiles, cooperativas, fundaciones, etc.) que atraviesan una situación de insolvencia, es decir, que no pueden cumplir regularmente con sus obligaciones de pago. Su objetivo principal no es exonerar deudas, sino preservar la continuidad de la actividad económica, cuando sea viable, o liquidar ordenadamente el patrimonio de la empresa cuando no lo sea.

Características principales del concurso de empresas:

- Su finalidad es mantener la empresa en funcionamiento o, si no es posible, liquidarla sin causar perjuicios a los acreedores.
- Es exclusivamente para personas jurídicas (sociedades, asociaciones, cooperativas, etc.).
- Interviene activamente en la gestión un administrador concursal.

- El resultado final es que puede ser un convenio con los acreedores (reestructuración o quita de deudas) o la liquidación completa de la empresa.
- Sus efectos son que la empresa desaparece jurídicamente o continúa operando en las condiciones pactadas con los acreedores.

Concurso de persona física (Ley de Segunda Oportunidad)

Aunque se utiliza la misma base concursal, el concurso de persona natural (particular o autónomo), enmarcado dentro de la Ley de Segunda Oportunidad, persigue una finalidad distinta. Su propósito no es la continuidad de una empresa, sino permitir que una persona física insolvente pueda liberarse de sus deudas y empezar de nuevo, bajo el amparo judicial y cumpliendo ciertos requisitos de buena fe.

Características principales del concurso de empresas:

- Su finalidad principal es obtener la exoneración del BEPI, es decir, la cancelación total o parcial de las deudas no pagadas tras el procedimiento.
- Sus sujetos son las personas físicas, ya sean particulares o autónomos, con o sin actividad empresarial.
- Existe una intervención judicial, ya que se mantiene un control por parte de un juez mercantil, pero el procedimiento es más simplificado y flexible que el de las empresas.

- El deudor puede optar por liquidar su patrimonio o por cumplir un plan de pagos durante un tiempo determinado (3 años, ampliable a 5 años en algunos casos).
- Su resultado final es que, una vez cumplidas las condiciones, el juez concede la exoneración definitiva, lo cual permite a la persona empezar de cero.
- Su efecto es que las deudas se cancelan y el deudor recupera su capacidad económica y financiera.

En resumen, el concurso de acreedores es para empresas, mientras que la segunda oportunidad es para particulares y autónomos.

Requisitos para acceder a la segunda oportunidad

La Ley de Segunda Oportunidad no se aplica a cualquiera que tenga deudas. Para acogerse a este mecanismo, el solicitante debe cumplir una serie de requisitos legales y éticos.

No se trata, por tanto, de una vía para eludir obligaciones, sino de una herramienta para quienes han caído en la insolvencia de manera involuntaria y desean recomponer su situación económica de buena fe.

1. **Ser insolvente de forma real y acredita.** El primer requisito esencial es encontrarse en situación de insolvencia actual o inminente, es decir, no poder cumplir regularmente con la obligación de pago.

La insolvencia actual es cuando la persona ya no puede atender a sus deudas (ejemplo: impagos continuados de préstamos, embargos o falta de liquidez).

La insolvencia inminente se da cuando, aun no habiendo impagos todavía, se prevé que no se podrá hacer frente a las obligaciones próximas (ejemplo: por pérdida del empleo o caída drástica de ingresos).

2. **Actuar de buena fe.** El principio de buena fe es el pilar fundamental, ya que solo podrán beneficiarse de la segunda oportunidad las personas que hayan actuado con transparencia, honestidad y cooperación durante todo el proceso. Para acreditar la buena fe se deben cumplir los siguientes criterios:
   - No haber sido declarado culpable en un concurso anterior.
   - No haber rechazado ofertas de empleo adecuadas a su capacidad durante el procedimiento.
   - No haber ocultado bienes o ingresos al juzgado o a los acreedores.
   - No haber generado deudas deliberadamente con la intención de acogerse luego a la exoneración.
   - No volverse a endeudar durante el procedimiento.

3. **No haber sido condenado por delitos económicos graves.** La ley excluye expresamente a quienes hayan sido condenados, en los diez años anteriores, por delitos contra el patrimonio o el orden socioeconómico, la Hacienda Pública o la Seguridad Social.

Entre ellos incluye delitos fiscales o de fraude a la Seguridad Social, delitos de falsedad documental, alzamiento de bienes, estafa o blanqueo de capitales, delitos contra el patrimonio o el orden socioeconómico.

No obstante, si la persona ha cumplido la condena y ha rehabilitado su conducta, el juez puede valorar la posibilidad de conceder la exoneración.

4. **Colaborar en todo momento con el procedimiento.** El solicitante debe cooperar plenamente con el juzgado, el administrador concursal (si lo hubiera) y los acreedores, aportando toda la información económica y patrimonial necesaria.

   La falta de colaboración o la ocultación de información pueden suponer la denegación o revocación de la exoneración.

5. **Cumplir los límites y condiciones de deuda.** Aunque tras la reforma concursal de 2022 ya no existe un tope máximo de deuda para acogerse a la segunda oportunidad, la Ley exige que la insolvencia sea real, proporcionada y demostrable, y que la persona no dispone de patrimonio suficiente para cubrirla.

   Además, el deudor debe haber intentado, si procede, un acuerdo extrajudicial de pagos con los acreedores, y además aceptar que determinadas deudas no son exonerables, como las obligaciones de alimentos, las sanciones penales o administrativas graves y algunas deudas públicas recientes.

6. **No haberse beneficiado de la segunda oportunidad en los últimos 10 años.** Para evitar abusos, el BEPI solo puede concederse una vez cada 10 años.

Cumplir estos requisitos no solo abre la puerta a la exoneración de las deudas, sino que demuestra la voluntad del deudor de actuar dentro del marco legal y con plena transparencia.

El corazón de la ley: el BEPI

El BEPI es el auténtico núcleo de esta ley. Todo el procedimiento gira en torno a este beneficio, pues representa el momento en el que el deudor, tras acreditar su buena fe y cumplir los requisitos exigidos, obtiene el *perdón legal* de las deudas que no ha podido pagar.

El BEPI es una figura jurídica recogida en los artículos 486 a 502 del Texto Refundido de la Ley Concursal (TRLC), mediante la cual una persona física —ya sea particular o autónomo— puede obtener la exoneración total o parcial de las deudas pendientes tras un proceso de insolvencia.

Su objetivo es permitir a una persona empezar de nuevo sin lastre económico del pasado, lo cual favorece su reinserción social y económica, y garantiza, al mismo tiempo, la seguridad jurídica del sistema.

En otras palabras, el BEPI es el punto final del procedimiento: cuando el juez lo concede, las deudas no satisfechas dejan de ser exigibles y la persona queda liberada de la presión de embargos, intereses o reclamaciones.

El BEPI no es un derecho automático, sino un beneficio discrecional que el juez puede conceder tras comprobar que se ha actuado de buena fe, ha colaborado, no dispone de patrimonio suficiente y cumple con las condiciones que la ley exige para el tipo de exoneración que solicita.

El BEPI no extingue la deuda por completo en sentido jurídico, sino que la hace inexigible, lo que significa que el acreedor ya no puede reclamarla en el juzgado.

El BEPI puede concederse de dos formas:

- Exoneración inmediata (tras liquidación de bienes): esta modalidad procede cuando el deudor ha liquidado todo su patrimonio para la cancelación de deudas.
- Exoneración con plan de pagos (sin liquidar todo el patrimonio): exoneración con un plan de pagos, lo que permite al deudor mantener ciertos bienes esenciales (vivienda habitual o el vehículo necesario para trabajar); a cambio se compromete a abonar parte de las deudas durante un plazo determinado (3–5 años).

El BEPI no es inmutable, ya que el artículo 492 TRLC permite revocarlo, si se demuestra que el deudor actuó con dolo, ocultó bienes o mejoró sustancialmente su situación económica sin comunicarlo, o de igual forma si recibe una herencia, premio o ingreso extraordinario en los cinco años posteriores a la concesión.

Tipos de deuda afectadas

La Ley de Segunda Oportunidad no permite liberar todas las deudas a una persona. Se distingue entre deudas cancelables en su totalidad, deudas exoneradas parcialmente y deudas no exonerables en ningún caso.

- **Deudas plenamente cancelables.** Son aquellas que sí pueden quedar exoneradas o suprimidas por completo tras la concesión del BEPI. Serían los préstamos personales o bancarios (tanto con entidades financieras como con particulares), créditos al consumo, tarjetas de crédito y *revolving*, descubiertos de cuentas corrientes y líneas de crédito, deudas con proveedores, avales personales, responsabilidades solidarias, etc. Estas deudas, una vez concluido el procedimiento, se consideran extinguidas y no pueden volver a reclamarse ni ejecutarse por vía judicial.
- **Deudas parcialmente cancelables.** Se perdonan parcialmente las deudas con Hacienda y la Seguridad Social (tras la reforma, una parte puede perdonarse). Hasta 10 000 € pueden ser exonerados frente a cada organismo (10 000 € con la Agencia Tributaria y 10 000 € con la Seguridad Social). De esa cantidad, los primeros 5000 € se cancelan íntegramente y los 5000 € siguientes se reducen en un 50 %.

  El resto de deuda pública se mantiene vigente y deberá satisfacerse conforme al plan de pagos aprobado por vía judicial.
- **Deudas no cancelables.** Existen determinadas deudas que, por su naturaleza jurídica o finalidad de protección, no pueden ser objeto de exoneración en ningún caso. Estas son las pensiones de alimentos, las indemnizaciones por daños personales derivados de delito, las multas y las sanciones penales o administrativas muy graves, las deudas por delitos fiscales o contra la Seguridad Social, los créditos por costas y los gastos judiciales.

Mitos y falsas creencias

A pesar de que la Ley de Segunda Oportunidad lleve años en vigor y ha ayudado a miles de personas a liberarse de sus deudas, todavía circulan numerosos mitos e ideas equivocadas sobre su alcance, sus requisitos y sus consecuencias. Estas creencias erróneas generan miedo o desconfianza, e incluso en muchos casos impiden que personas realmente necesitadas se beneficien de un mecanismo que podría cambiarles la vida.

A continuación, se desmontan las principales falsedades sobre este asunto y se explica la realidad jurídica que hay detrás de cada una de ellas:

- **"Solo sirve para ricos que no quieren pagar"**. Falso. La Ley de Segunda Oportunidad está diseñada para personas físicas (trabajadores, autónomos o pequeños empresarios) que se encuentren en una situación real de insolvencia, es decir, que no pueden atender de manera regular sus obligaciones de pago.
- **"Si me acojo a la Ley perderé mi casa"**. Es uno de los temores más extendidos y también uno de los menos fundados, ya que no siempre se pierde la vivienda habitual.
  La Ley de Segunda Oportunidad no obliga automáticamente a vender todos los bienes del deudor, sino que permite valorar su situación concreta.
  Si la vivienda está hipotecada y su valor de mercado es similar o inferior al importe de la deuda pendiente, el juez puede autorizar que el deudor la conserve,

siempre que continúe pagando las cuotas o el plan de pagos lo contemple.

- **"Si me acojo nunca más podré pedir un préstamo".** Falso. Acogerse a la Ley de Segunda Oportunidad no condena de por vida a la exclusión financiera. Una vez concedido el Beneficio BEPI y pasado un tiempo prudencial, el historial crediticio del deudor se normaliza. Con el tiempo y un historial de ingresos estables, el deudor puede volver a solicitar créditos, hipotecas o *leasing* con normalidad. La ley no te cierra las puertas del crédito, simplemente te da un periodo para que recompongas tus finanzas y reconstruyas tu solvencia.

- **"Es un procedimiento casi imposible de conseguir".** No es sencillo, pero, con un asesoramiento especializado y una documentación completa, la mayoría de los solicitantes obtienen la exoneración de sus deudas, o al menos una reestructuración viable. En definitiva, no es un proceso fácil, pero sí perfectamente viable cuando se cuenta con orientación profesional y voluntad de cumplir con las obligaciones legales.

- **"Si me acojo todos mis acreedores pierden el dinero".** Tampoco es exacto. La ley busca un equilibrio entre el derecho del deudor a rehacer su vida y el derecho de los acreedores a recuperar lo que puedan. Por ello los acreedores participan en la propuesta de plan de pagos o de liquidación y cobran, si procede, el importe que resulte de los bienes.

Ejemplo práctico

Imaginemos a Juan, un trabajador autónomo que durante más de 10 años regentó un pequeño bar en su barrio. Su negocio funcionaba con esfuerzo y constancia, pero la crisis provocada por la pandemia lo obligó a cerrar definitivamente. En cuestión de meses, Juan pasó de ser un emprendedor solvente a acumular deudas que no podía afrontar.

- Préstamos bancarios, incluido un crédito ICO solicitado para mantener el negocio durante los meses de cierre.
- Facturas pendientes con sus proveedores, algunos de los cuales también atravesaban dificultades.
- Deudas con Hacienda y la Seguridad Social, derivadas de cuotas e impuestos no abonados por falta de liquidez.

Sus ingresos actuales apenas cubren los gastos básicos de su familia y los embargos amenazan sus cuentas y su estabilidad. Juan ha intentado negociar con los bancos y con la Administración, pero las condiciones son imposibles de cumplir. Ante esta situación, y cumpliendo los requisitos, Juan puede acogerse a la Ley de Segunda Oportunidad.

En este caso el procedimiento que seguiría Juan sería:

1. **Declaración de insolvencia:** asesorado por un profesional, Juan acredita ante el juzgado que no puede atender regularmente sus deudas.

2. **Tramitación judicial simplificada:** se presenta directamente el procedimiento ante un juzgado de lo mercantil.
3. **Análisis de su patrimonio y plan de pagos:** el Juez estudia su situación económica y valora si es necesario liquidar parte de sus bienes o si puede optar por un plan de pagos flexible que le permita mantener su vivienda habitual y destinar una parte razonable de sus ingresos futuros al pago de las deudas.
4. **Exoneración del BEPI.**

Gracias a la aplicación de la ley, Juan queda libre de la mayor parte de sus deudas. Los acreedores no pueden seguir embargándole ni reclamándole por vía judicial. Con ello, dejaría atrás la carga económica y podría plantearse volver a emprender en el futuro o trabajar sin miedo a embargos.

Ventajas e inconvenientes

Ventajas

- Cancelación de deudas inasumibles.
- Posibilidad de recuperar la estabilidad económica y emocional.
- Cese del acoso de los acreedores.
- Nueva oportunidad para emprender o rehacer la vida laboral.
- Protección del patrimonio básico.

Inconvenientes

- Procedimiento largo y técnicamente complejo.

- Posible pérdida de parte del patrimonio.
- Necesidad de cumplir estrictamente con la buena fe.
- Costes legales y profesionales.

La importancia de asesorarse bien

Aunque la Ley de Segunda Oportunidad nació para darle una nueva oportunidad a las personas que, por circunstancias de la vida, no pueden hacer frente a sus deudas. Es una herramienta muy valiosa que puede cambiar la vida de quienes la utilizan. Pero es importante entender que no es un trámite simple. Aunque la ley pretende ser accesible, el procedimiento tiene muchos pasos legales y técnicos que deben cumplirse con precisión. Por eso, asesorarse bien desde el principio es fundamental.

Hay quienes piensan que basta con presentar unos papeles para que les perdonen las deudas, pero no es así. La realidad es que el proceso implica documentar toda tu situación económica y personal con detalle. El juez, el administrador concursal y los acreedores necesitan comprobar que realmente estás actuando de buena fe y que no puedes pagar. Si falta información, o si algo no se justifica bien, el procedimiento puede paralizarse o incluso ser rechazado.

Por eso, contar con un profesional especializado (un abogado o economista) puede marcar la diferencia entre lograr la exoneración de las deudas o quedarse a mitad del camino.

Con esta ley cada situación es distinta y requiere un análisis específico. Por ello un abogado especializado puede ayudarte a confirmar que cumples con los requisitos legales, a escoger el camino más adecuado, y a reunir correctamente toda la documentación y presentarla al juzgado de la forma que exige la ley. Además, un administrador concursal supervisa todo el proceso y se asegura de que los datos sean verídicos, que los bienes estén correctamente valorados y que se respeten los derechos de los acreedores. Ambos profesionales trabajan de forma coordinada: el abogado te defiende y el administrador verifica que todo se haga correctamente.

La mayoría de los casos fallidos en la Ley de Segunda Oportunidad no se deben a mala fe, sino a falta de información o asesoramiento. Estos errores, que pueden parecer pequeños, pueden echar por tierra meses de trabajo y esperanza. Un buen asesor no solo se encarga de los trámites, también te acompaña en un momento emocionalmente difícil. Sabe que detrás de cada expediente hay una historia personal: una empresa que fracasó, una pérdida de empleo, una enfermedad o simplemente una mala racha económica.

Su labor no se limita a presentar papeles, sino a protegerte y guiarte paso a paso:

- Te ayuda a entender cada fase del proceso.
- Te informa sobre tus derechos y obligaciones.
- Se asegura de que todo esté correctamente documentado.
- Negocia con los acreedores cuando es posible.

Gracias a ese apoyo, el deudor puede centrarse en lo más importante: recuperar su estabilidad y su tranquilidad.

La ley exige que el deudor actúe con total sinceridad. Esto significa declarar todos los bienes, ingresos, cuentas y propiedades, incluso las que se compartan con otra persona. La buena fe y la transparencia son los pilares que sostienen todo el proceso, ya que, si el juez detecta ocultaciones, el perdón de deudas puede denegarse o anularse más adelante. Por eso, asesorarse bien también significa actuar con claridad y honestidad desde el principio.

La Ley de Segunda Oportunidad puede darte una nueva vida económica, pero no es un trámite que deba hacerse solo o a la ligera. Contar con profesionales especializados te da seguridad, evita errores y aumenta enormemente las posibilidades de éxito.

Conclusión

La Ley de Segunda Oportunidad es, ante todo, una puerta abierta y una oportunidad real para que miles de personas, familias y pequeños autónomos pueden liberarse de un peso que durante años les ha impedido mirar hacia adelante: las deudas. No se trata de perdonar por perdonar, sino de ofrecer una vía justa y humana a quienes, actuando de buena fe, se han visto atrapados por circunstancias adversas: una crisis económica, una enfermedad, un negocio que no funcionó o, simplemente, un cúmulo de decisiones que, con el tiempo, se volvieron insostenibles.

Es cierto que el procedimiento requiere tiempo, documentación y paciencia. A veces resulta complejo y en otras genera frustración o miedo a no conseguir el resultado esperado. Aun con sus limitaciones, esta ley marca un antes y un después en la forma en que el sistema jurídico español entiende la insolvencia personal. Hasta hace pocos años, quienes caían en el sobrendeudamiento quedaba prácticamente condenado de por vida. Las deudas se arrastraban como una losa que afectaba no solo a la economía, sino también a la autoestima, la familia y las oportunidades laborales. Con esta norma, por primera vez, se reconoce algo esencial: que las personas también merecen una segunda oportunidad, igual que los negocios, las empresas o los bancos. La Ley de Segunda Oportunidad no es solo un instrumento legal, es también una declaración de principios. Afirma que la economía no puede construirse sobre la exclusión ni sobre la culpa eterna, y que un error financiero no debe traducirse en una condena sin fin.

Acogerse a la Ley de Segunda Oportunidad no es rendirse, sino tomar las riendas para construir un futuro mejor. Es un proceso que requiere valentía, sinceridad y compromiso, pero que puede transformar por completo la vida de una persona. Quienes han pasado por él suelen coincidir en una misma sensación: la de volver a respirar. Dejar atrás años de angustia, de llamadas de cobro, de miedo a abrir el buzón o de no poder mirar al banco a los ojos. Salir de las deudas no solo libera el bolsillo, sino también la mente. Permite recuperar la confianza, reconstruir relaciones, emprender de nuevo o, simplemente, vivir con dignidad.

Breve historia y evolución de la ley

La deuda como problema universal

Las deudas no son un fenómeno moderno ni exclusivo de España. Desde tiempos antiguos, desde que existen las civilizaciones, los seres humanos han pedido prestado, han prometido devolver y, a veces, no han podido cumplir. La deuda, en realidad, ha acompañado a la humanidad tanto como la agricultura, el comercio o la escritura. No es solo una cuestión de dinero, es una relación de confianza, poder y esperanza.

A lo largo de la historia, las sociedades han comprendido que el endeudamiento excesivo puede destruir vidas y comunidades enteras. Por eso, casi desde los primeros códigos legales, los pueblos buscaron maneras de equilibrar la justicia con la compasión: proteger al acreedor sin condenar al deudor para siempre.

En la antigua Mesopotamia, los reyes promulgaban periódicamente decretos que perdonaban las deudas y liberaban a quienes habían caído en esclavitud por impago. Entendían que, si demasiadas familias quedaban arruinadas, la economía y la estabilidad del reino se desmoronaban.

En Roma se distinguía entre deudores de buena y mala fe. Ya entonces se reconocía que no todos los impagos eran iguales, y que la intención y las circunstancias importaban.

Durante la Edad Media, los reyes solían conceder perdones generales de deudas en tiempos de guerra o hambruna, sabiendo que el pueblo no podía contribuir si estaba asfixiado por el crédito.

El sobreendeudamiento es, por tanto, una realidad histórica y global. En cada época, el endeudamiento ha reflejado las tensiones entre las personas, los bancos y el Estado. Y aunque cambian las monedas, los contratos o las leyes, el problema de fondo sigue siendo el mismo: ¿qué ocurre cuando alguien quiere pagar pero no puede?

Con el tiempo, las sociedades más avanzadas comprendieron que mantener a un deudor atrapado de por vida no beneficia a nadie: ni al acreedor, que probablemente nunca cobrará; ni al deudor, que no podrá volver a contribuir a la economía. De ahí surgió la idea moderna de la segunda oportunidad: permitir que una persona honesta y de buena fe pueda empezar de nuevo, sin arrastrar una deuda eterna.

España no fue ajena a esta evolución. Durante décadas, la legislación concursal estaba pensada únicamente para las empresas, dejando fuera a las personas físicas y a los autónomos. Sin embargo, tras la crisis financiera de 2008 y las recomendaciones de la Unión Europea, el legislador español reconoció la necesidad de ofrecer un marco legal para los deudores de buena fe. Así nació en 2015 la Ley de Segunda Oportunidad (Ley 25/2015), inspirada en modelos europeos y norteamericanos que ya funcionaban con éxito. Esta norma permitió, por primera vez, que una persona física o autónomo pudiera cancelar total o parcialmente sus deudas y volver a empezar.

En 2022, España dio un paso más con la reforma de la Ley Concursal, que simplificó el procedimiento, amplió los supuestos de exoneración y adaptó la normativa a la Directiva Europea 2019/1023 sobre reestructuración e insolvencia. Con esta actualización se reforzó la idea de que la insolvencia no es un fracaso moral, sino una situación jurídica que puede tener solución. La nueva normativa busca agilizar los trámites, reducir los costes y ofrecer una segunda oportunidad más real y efectiva.

En este capítulo repasaremos los principales antecedentes internacionales, la aprobación en España en 2015 y los cambios introducidos con la reforma concursal de 2022. Finalmente, analizaremos la situación actual y perspectivas de futuro.

Antecedentes en otros países

Antes de que España aprobara su propia Ley de Segunda Oportunidad, otros países ya habían recorrido ese camino. Cada uno lo hizo a su manera, pero todos compartían un mismo principio: ninguna persona debía quedar condenada de por vida por sus deudas.

Los modelos más influyentes son los de Estados Unidos, Francia, Alemania y Reino Unido, además de las directrices más recientes de la Unión Europea, que han servido de inspiración directa para la legislación española.

Estados Unidos: la cultura del *fresh start*

Si hay un país donde la segunda oportunidad forma parte de la mentalidad colectiva, ese es Estados Unidos. Es el que mejor ejemplifica la idea de empezar de cero. Desde hace décadas, la legislación concursal estadounidense reconoce que el fracaso económico no es una vergüenza, sino una etapa más en la vida financiera de las personas y las empresas.

Su sistema se basa en el *bankruptcy code*, que establece dos procedimientos principales para particulares:

- Capítulo 7 (liquidación): el deudor entrega parte de sus bienes para satisfacer parcialmente a los acreedores. En pocos meses, las deudas restantes se cancelan.
- Capítulo 13 (plan de pagos): permite al deudor conservar sus bienes y realizar un plan de pagos a 3 o 5 años. Al cumplirlo, se eliminan las deudas pendientes.

En Estados Unidos, declararse en bancarrota no conlleva el estigma social que existe en otros países. La sociedad entiende que el riesgo y el fracaso son parte natural del emprendimiento y la vida económica.

El concepto *fresh start* (empezar de nuevo) es la base cultural de su sistema: dar al ciudadano la oportunidad de reconstruir su vida económica sin cargar eternamente con errores del pasado.

Francia: el *surendettement*

Francia fue pionera en Europa en abordar el sobreendeudamiento de las familias como un problema social y no solo financiero. En Francia, desde 1989 existe un procedimiento administrativo específico, gestionado por el Banco de Francia, para personas sobreendeudadas, conocido como *surendettement*, que busca proteger a las personas de buena fe que no pueden afrontar sus deudas sin poner en riesgo su vivienda o sus necesidades básicas.

Este proceso contempla varias fases:

- La reestructuración de deudas, con la posibilidad de renegociar plazos y tipos de interés.
- La suspensión temporal de embargos y ejecuciones mientras se estudia la situación.
- En casos extremos, la cancelación parcial o total de las deudas cuando no existe una salida viable.

A diferencia del modelo judicial estadounidense, el sistema francés es administrativo y conciliador: no se centra en castigar al deudor, sino en buscar una solución equilibrada que permita su recuperación sin perjudicar injustamente a los acreedores.

Alemania: el *Restschuldbefreiung*

En Alemania, el derecho a una segunda oportunidad se introdujo desde 1999 con el nombre de *Restschuldbefreiung*, literalmente 'liberación del resto de la deuda'. Este proceso concede al deudor la posibilidad de cancelar sus deudas tras un periodo de cumplimiento estricto de un plan de pagos, inicialmente de 6 años (reducido posteriormente a 3 con la reforma de 2020) y manteniendo una conducta intachable durante todo el proceso.

Durante este tiempo se exige:

- Transparencia absoluta sobre ingresos y patrimonio.
- Prohibición de contraer nuevas deudas.
- Colaboración continua con el administrador concursal.

Si el deudor cumple con estas condiciones, al final del período obtiene la cancelación definitiva de sus deudas y puede reiniciar su vida económica.

El sistema alemán se centra en la idea de la rehabilitación del deudor: el deudor no solo paga en la medida de lo posible, sino que demuestra con su conducta que merece una segunda oportunidad.

Reino Unido: las *bankruptcy orders*

En el Reino Unido, el sistema de *bankruptcy orders* u 'órdenes de bancarrota' permiten a una persona insolvente obtener la exoneración de deudas en un plazo relativamente corto, normalmente de un año. Además, para los casos de deudas menores existe un procedimiento simplificado llamado *Debt Relief Order* (DRO), pensado para personas con ingresos muy bajos y sin patrimonio relevante.

El proceso es rápido y accesible. Busca equilibrar la protección del deudor con la confianza del sistema financiero, evitando que la insolvencia se convierta en un castigo permanente. En la práctica, permite que miles de personas cada año puedan empezar de nuevo sin quedar marcadas social o económicamente.

Influencia europea

La Unión Europea ha jugado un papel fundamental en la difusión de estos mecanismos por el continente. La Directiva 2019/1023, sobre marcos de reestructuración preventiva y exoneración de deudas, instó a los Estados miembros a garantizar que los deudores de buena fe pudieran liberarse de sus deudas en un plazo máximo de 3 años. Esta directiva supuso un cambio de mentalidad en el continente: se dejó atrás la visión punitiva del endeudamiento para adoptar una perspectiva de recuperación y reinserción económica.

España con la reforma concursal de 2022 incorporó plenamente este enfoque, alineándose con la tendencia europea hacia sistemas más ágiles, humanos y orientados hacia el fresh start.

Aprobación en España (2015)

El contexto previo: una deuda sin salida

Hasta el año 2015, en España solo existía el concurso de acreedores para empresas y autónomos con actividad mercantil, pero no había ninguna vía legal real para que una persona particular pudiera liberarse de sus deudas.

Si un particular caía en la insolvencia, el sistema lo condenaba a una deuda perpetua: los intereses seguían creciendo, los embargos se sucedían y la única alternativa era resignarse a vivir de forma irregular o sin bienes a su nombre. Tras la crisis económica de 2008, esta situación se volvió insostenible, ya que miles de familias perdieron su vivienda en los desahucios, pero seguían debiendo dinero al banco, incluso después de entregar las llaves. El drama social fue enorme y la presión ciudadana acabó empujando al Gobierno a actuar.

España necesitaba una ley que ofreciera una segunda oportunidad a las personas de buena fe, tal y como ya ocurría en otros países europeos y en Estados Unidos.

El Real Decreto Ley 1/2015: un paso histórico

En este contexto, se aprobó el Real Decreto Ley 1/2015, de 27 de febrero, de mecanismo de segunda oportunidad, reducción de carga financiera y otras medidas de orden social, conocido popularmente como la Ley de Segunda Oportunidad.

El nuevo texto legal introdujo, por primera vez, un procedimiento pensado para personas físicas no empresarias, con los siguientes pilares:

1. **Procedimiento extrajudicial de pagos.** Posibilidad de iniciar un procedimiento extrajudicial de pagos ante notario o registrador mercantil para negociar con sus acreedores. Se nombraba un mediador concursal, encargado de reunir a todas las partes y buscar un acuerdo de pago que evitara el juicio.

   El espíritu de esta fase era conciliador: que deudor y acreedores encontraran una solución amistosa, reduciendo intereses o ampliando plazos. Sin embargo, en la práctica, los bancos y grandes entidades raramente aceptaban acuerdos, lo que hacía que muchos expedientes terminaran pasando al juzgado.

2. **BEPI.** Si el intento de acuerdo fracasaba, el deudor podía acudir al juzgado de lo mercantil y solicitar el BEPI. Este beneficio permitía cancelar la mayor parte de las deudas, siempre que el solicitante hubiera actuado de buena fe, no hubiera sido declarado culpable en el concurso y se comprometiera a cumplir el plan de pagos, en su caso.

   El BEPI fue el gran avance de esta ley: por primera vez en la historia de España, una persona podía obtener legalmente la cancelación judicial de sus deudas.

3. **Limitaciones con la deuda pública.** El texto tenía una limitación muy importante: las deudas con Hacienda y la Seguridad Social quedaban prácticamente excluidas. Esto afectó especialmente a autónomos y pequeños empresarios, que muchas veces acumulaban

precisamente ese tipo de deuda. Aunque podían beneficiarse parcialmente del procedimiento, seguían arrastrando gran parte de sus obligaciones con el Estado, lo que restaba eficacia al sistema.

La Ley de Segunda Oportunidad de 2015 fue, sin duda, un hito histórico. Por primera vez España reconocía que el fracaso económico no debía ser una condena perpetua. Sin embargo, su aplicación práctica estuvo lejos de ser perfecta. Durante los primeros años se observaron problemas estructurales que dificultaron su funcionamiento:

- Escaso conocimiento de la ley entre la población.
- Trámites largos y costosos, con exceso de burocracia y tasas notariales o registrales.
- Desigualdad en la aplicación judicial, ya que cada juzgado interpretaba la norma de manera diferente, lo que generaba inseguridad jurídica.
- Dificultades para los autónomos, especialmente por la exclusión de la deuda pública.

A pesar de todo, la norma abrió una puerta que antes no existía. Gracias a ella, los primeros beneficiarios comenzaron a obtener sentencias de exoneración total o parcial de sus deudas. Los medios de comunicación difundieron los primeros casos de beneficiarios de esta medida y poco a poco la sociedad comenzó a entender que esta herramienta no era una trampa para no pagar, sino una vía para reinsertar a las personas endeudadas en la economía y en la vida social.

Aquella primera ley fue el punto de partida de un camino que seguiría evolucionando hasta llegar a la reforma concursal de 2022, mucho más avanzada, accesible y adaptada al contexto europeo.

Cambios con la reforma concursal de 2022

La necesidad de una reforma

Con el paso de los años, La Ley de Segunda Oportunidad de 2015 dejó claro que, aunque había supuesto un enorme avance, no era suficiente. Su aplicación práctica mostró carencias importantes: los procedimientos eran largos, costosos y poco accesible para la mayoría de personas. Muchos deudores abandonaban el proceso antes de llegar al final, porque no podían asumir los gastos del mediador concursal o porque el procedimiento se alargaba durante años sin una resolución. El sistema pensado para ayudar se había convertido en una carrera de obstáculos.

El problema era especialmente grave para los autónomos, que seguían sin poder liberarse de la mayor parte de sus deudas con Hacienda y la Seguridad Social, precisamente los que más los ahogaban. A esto se sumaba la exigencia europea de adaptarse a la Directiva (UE) 2019/1023, que obligaba a los Estados miembros a garantizar que un deudor honesto pudiera quedar libre de sus deudas en un plazo máximo de tres años. Era evidente que España necesitaba una reforma integral del sistema concursal.

La Ley 16/2022, de 5 de septiembre, de reforma concursal: una nueva etapa

Así llegó la Ley 16/2022, de 5 de septiembre, que reformó profundamente la Ley Concursal. Fue la respuesta a las deficiencias detectadas y, al mismo tiempo, el paso necesario para cumplir con las obligaciones europeas. El objetivo principal era simplificar los trámites, reducir los plazos y hacer el procedimiento más accesible y eficaz para las personas físicas, tanto particulares como autónomos.

A continuación, se resumen los cambios más importantes que introdujo la reforma:

1. **Supresión del acuerdo extrajudicial de pagos.** Una de las principales novedades fue la eliminación del acuerdo extrajudicial de pagos, que en la práctica se había convertido en un obstáculo. La reforma eliminó esa obligación, lo que permitió al deudor acudir directamente al juzgado y ahorrar tiempo, dinero y frustración.

2. **Exoneración sin liquidación previa.** Otra gran novedad fue la posibilidad de obtener la exoneración sin liquidar previamente todos los bienes. Con la nueva ley, el Juez puede aprobar un plan de pagos que permita al deudor conservar determinados bienes esenciales (como la vivienda o el vehículo necesario para trabajar), siempre que se comprometa a cumplir un calendario de pagos durante tres o cinco años.

3. **Deudas públicas: una apertura parcial.** Una de las demandas más inexistentes desde 2015 era la inclusión

de las deudas públicas, especialmente las contraídas con Hacienda y la Seguridad Social dentro del sistema de exoneración.

La reforma de 2022 dio finalmente un paso en esa dirección: ahora es posible cancelar parcialmente esas deudas, con un límite de 10 000 euros por organismo público (10 000 € con Hacienda y otros 10 000 € con la Seguridad Social).

Aunque esta medida no supone una liberación total, sí alivió significativamente a miles de autónomos que arrastraban deudas imposibles de asumir. Por primera vez, se reconocía que los autónomos también merecen una segunda oportunidad real.

4. **Plazos más cortos.** La nueva ley incorporó el estándar europeo y fijó un principio claro: ningún deudor honesto debería tardar más de tres años en obtener la exoneración de sus deudas.

Este cambio obliga a los juzgados y a los profesionales a actuar con mayor agilidad y coordinación, evitando que los procedimientos se eternicen.

La idea es que el proceso sea más previsible, más rápido y menos traumático para quien lo solicita.

5. **Más control judicial.** La reforma también reforzó el papel de los jueces, reduciendo la dependencia de los mediadores concursales, cuya escasez en muchas provincias había provocado colapsos y bloqueos.

Ahora es el propio juez quien dirige y controla el procedimiento, lo que garantiza una aplicación más uniforme y reduce la incertidumbre jurídica que existía entre distintos tribunales.

Efectos prácticos

La reforma de 2022 supuso un gran paso adelante, pues simplificó el proceso, redujo los tiempos y abrió la puerta a que miles de personas y autónomos pudieran realmente beneficiarse de una segunda oportunidad. Facilitó el acceso al procedimiento, redujo tiempos y, sobre todo, dio un respiro a los autónomos que tienen deudas públicas. No obstante, a pesar de los avances, aún persisten críticas:

- El límite de 10 000 € por organismo público se considera insuficiente en muchos casos, especialmente para autónomos con deudas elevadas.
- Los costes judiciales y profesionales siguen siendo elevados para muchas familias.
- La aplicación práctica depende en gran medida de los juzgados, lo que provoca diferencias territoriales.

Además, la falta de difusión de la ley hace que muchas personas que podrían beneficiarse de ella todavía no la conozcan.

Situación actual y perspectivas

La realidad actual

A día de hoy, la Ley de Segunda Oportunidad se ha consolidado como una herramienta legal efectiva, aunque todavía poco utilizada en comparación con su potencial.

Desde su entrada en vigor en 2015 —y especialmente tras la reforma concursal de 2022—, miles de personas se han beneficiado de la exoneración total o parcial de sus deudas. Sin embargo, el número de procedimientos sigue siendo muy reducido si lo comparamos con la cantidad real de familias y autónomos que viven asfixiados por sus obligaciones financieras.

Según los datos del Consejo General del Poder Judicial (CGPI), los concursos de persona física han aumentado en los últimos años, pero siguen siendo minoritarios respecto al número de familias endeudadas en España; es decir, hay muchas más personas que podrían acogerse a la ley, pero no lo hacen.

Las principales barreras son:

- **Falta de información.** Muchas personas ni siquiera saben que existe esta ley o no saben cómo funciona. Creen que solo las empresas pueden declararse en concurso o que el procedimiento es demasiado complicado para un ciudadano corriente. En otros casos, la desinformación viene acompañada de miedo a perderlo todo o de desconfianza hacia el sistema judicial.
- **Coste del procedimiento.** Paradójicamente una persona que no puede pagar sus deudas debe afrontar gastos para poder cancelarlas. Aunque la reforma del 2022 simplificó el proceso, sigue siendo necesario contar con abogado y procurador, y asumir ciertos honorarios profesionales y tasas judiciales. Para una familia con recursos limitados, pagar esos costes iniciales puede ser

imposible, lo que deja fuera del sistema a quienes más lo necesitan.

- **Estigma social.** Aún se percibe como un fracaso o un acto de irresponsabilidad. Muchas personas prefieren seguir embargadas o renegociar deudas imposibles antes que admitir que no pueden pagar.

Perspectivas de futuro

La tendencia apunta a una expansión progresiva de la ley:

- **Más accesibilidad.** Se espera que futuras reformas amplíen el alcance de la exoneración de deudas públicas. El objetivo es equiparar el trato entre acreedores privados y públicos, evitando que las deudas con Hacienda o la Seguridad Social sigan siendo una cadena perpetua financiera para los autónomos. También se prevé una simplificación aún mayor de los trámites y un impulso de la digitalización judicial, lo que permitiría reducir costes y tiempos de gestión.
- **Normalización social.** Con el tiempo, acogerse a la segunda oportunidad será visto como un derecho legítimo y no como una vergüenza.
- **Mayor eficiencia judicial.** La digitalización de los procedimientos y la especialización de los juzgados mercantiles serán claves en los próximos años. Un sistema más ágil, automatizado y transparente puede reducir drásticamente los tiempos y los costes, lo que permite que la exoneración de deudas sea realmente alcanzable en los plazos previstos por la Unión Europea (tres años como máximo).

- **Educación financiera.** La Ley debe ir acompañada de programas de prevención para evitar que las personas caigan de nuevo en la espiral de deudas. De poco sirve liberar a una persona de sus deudas si no se le ofrecen herramientas para gestionar mejor su economía en el futuro.

En definitiva, la segunda oportunidad en España está aún en fase de maduración, ha dejado de ser una norma desconocida para convertirse en una realidad tangible que ya ha cambiado la vida de miles de ciudadanos y autónomos.

Conclusión

La Ley de Segunda Oportunidad no es un invento aislado ni una ocurrencia política puntual, sino la expresión española de una tendencia internacional que reconoce una verdad esencial: el fracaso económico no debe convertirse en una condena perpetua.

Desde su aprobación en 2015 hasta la reforma de 2022, el camino no ha sido fácil. Sin embargo, hoy podemos afirmar que España cuenta con un marco legal que permite a las personas físicas liberarse de deudas inasumibles y volver a empezar.

Quedan retos importantes: simplificar el acceso, abaratar costes, ampliar la exoneración de deudas públicas y consolidar una cultura de segunda oportunidad. Pero lo fundamental ya está conseguido: la esperanza existe y la ley se ha convertido en un instrumento de justicia social que cambia vidas. Detrás de cada expediente, hay historias de personas que han vuelto a emprender, familias que han recuperado su estabilidad y ciudadanos que han podido mirar al futuro sin miedo.

La Ley de Segunda Oportunidad se ha consolidado como un auténtico instrumento de justicia social que equilibra la responsabilidad con la compasión y convierte el derecho en una herramienta para cambiar vidas reales.

Porque, en definitiva, todo el mundo merece una segunda oportunidad.

Quién puede acogerse a la ley

Personas físicas: autónomos y particulares

Durante décadas, el sistema concursal español estuvo pensado únicamente para sociedades mercantiles, cuando una empresa que no podía pagar sus deudas podía declararse en concurso, negociar quitas, pactar un calendario de pagos o liquidar sus bienes y, después de todo ello, empezar de nuevo. Las personas físicas, particulares y autónomos, quedaban fuera de este mecanismo. Una persona física con deudas personales, o un trabajador por cuenta propia que había fracasado en su negocio, no tenía escapatoria: se enfrentaba a embargos y persecución de acreedores de por vida.

La Ley de Segunda Oportunidad vino a cambiar esta situación. Por primera vez se reconocía en España que las personas físicas, con o sin actividad empresarial, también merecían una salida legal a la insolvencia.

En este capítulo vamos a responder a una pregunta fundamental: ¿Quién puede acogerse a la Ley de Segunda Oportunidad?

La ley se aplica a cualquier persona física que se encuentre en situación de insolvencia, como las siguientes:

Particulares (consumidores)

Personas que han contraído deudas por motivos personales. Ejemplos: préstamos para comprar un coche, tarjetas de crédito, préstamos personales, hipotecas, avales familiares o créditos rápidos.

Autónomos

Profesionales y trabajadores por cuenta propia que han generado deudas vinculadas a su actividad económica. Ejemplos: impagos a proveedores, créditos ICO, deudas con Hacienda o la Seguridad Social.

Autónomos societarios (administradores de sociedades limitadas)

Aunque la sociedad tenga su propio régimen de responsabilidad, si el autónomo figura como avalista o responsable de deudas de la empresa, puede acogerse a la ley para liberarse de esas obligaciones personales.

Lo más importante es que la ley no distingue entre la naturaleza de las deudas: lo relevante es que la persona física se encuentre en una situación de insolvencia y actúe de buena fe.

Diferencias entre empresario y consumidor

La ley engloba tanto a consumidores como a empresarios individuales. Pero existen matices importantes que conviene conocer:

Consumidor

Es aquella persona que contrajo deudas para fines personales o familiares, no vinculados a una actividad profesional. Ejemplo: alguien que pidió un préstamo para reformas en su vivienda o acumuló deudas con tarjetas de crédito.

Empresario o autónomo

Es la persona física que ejerce una actividad económica y cuyas deudas provienen, total o parcialmente, de dicha actividad. Ejemplo: un autónomo de hostelería que no pudo pagar el alquiler del local, las facturas de proveedores y las cuotas de la Seguridad Social.

¿Por qué importa esta diferencia? Porque en algunos aspectos el tratamiento es distinto:

1. **Deudas públicas.** Los autónomos suelen acumular deudas con Hacienda y la Seguridad Social que históricamente eran difíciles de cancelar. Tras la reforma concursal de 2022, se permite exonerar hasta 10 000 € con cada organismo, lo que beneficia especialmente a los empresarios.

2. **Estigmatización social.** El consumidor sobreendeudado se suele percibir como víctima de circunstancias adversas (paro, enfermedad, divorcio). El autónomo arruinado, en cambio, muchas veces carga con el estigma de haber fracasado en su negocio. La ley pretende eliminar esta visión negativa y normalizar el derecho a empezar de nuevo.

En ambos casos, el acceso a la segunda oportunidad está garantizado, siempre que se cumplan los requisitos.

Requisitos básicos para acogerse a la ley

La Ley de Segunda Oportunidad no está diseñada para todo aquel que no quiera pagar, sino para personas honestas en situación de verdadera insolvencia. Por eso establece condiciones estrictas, que se pueden resumir en tres grandes bloques: buena fe, insolvencia real y límites de deuda.

a) **Buena fe del deudor.** La buena fe es el principio rector de todo el procedimiento. El juez evaluará si el solicitante merece o no la exoneración de sus deudas, en función de su comportamiento.

Se considera que actúa de buena fe el deudor que no ha generado deudas de forma fraudulenta o negligente. Ejemplo: pedir un préstamo sabiendo que no se va a devolver, o simular insolvencia ocultando patrimonio.

No ha sido condenado por delitos económicos en los últimos 10 años.

Delitos contra el patrimonio, Hacienda o la Seguridad Social, falsedad documental o blanqueo de capitales son causa de exclusión.

Colabora con el juez y con la administración concursal. El deudor debe declarar todos sus bienes, ingresos y deudas con transparencia.

No ha rechazado ofertas de empleo adecuadas en los últimos años. Esta condición busca evitar que alguien se mantenga artificialmente sin ingresos para justificar la insolvencia.

En resumen, la buena fe significa conducta honesta y que el deudor no se ha aprovechado del sistema ni ha actuado con mala intención.

b) **Insolvencia real.** Para acogerse a la ley es necesario estar en situación de insolvencia, entendida como:

- Insolvencia actual: el deudor ya no puede atender regularmente el pago de sus obligaciones. Ejemplo: impago de cuotas de préstamos, recibos devueltos, embargos en nómina.

- Insolvencia inminente: aunque todavía esté pagando, es evidente que en poco tiempo no podrá hacerlo. Ejemplo: un autónomo que ha perdido a todos sus clientes y no tiene ingresos suficientes para afrontar sus deudas.

Lo que no basta es la simple incomodidad de tener deudas. La insolvencia debe ser real y verificable.

c) **Límites de deuda.** Antes de 2022, la ley fijaba un tope de 5 millones de euros de deuda para poder acogerse. Con la reforma, ese límite desapareció, pero en la práctica se sigue exigiendo proporcionalidad: no tendría sentido que un gran empresario con cientos de millones de deuda intentara utilizar este mecanismo diseñado para particulares y pequeños autónomos.

Hoy, la norma se centra más en la buena fe y en la viabilidad del plan de pagos que en la cantidad exacta de deuda.

Quién no puede acogerse

No todo el mundo tiene derecho a la segunda oportunidad. La ley establece una serie de exclusiones claras:

Deudores de mala fe

Quienes hayan generado deudas de forma fraudulenta, oculten patrimonio, simulen insolvencia o actúen con intención de estafar no podrán beneficiarse.

Condenados por delitos económicos graves

Si en los últimos diez años el solicitante ha sido condenado por delitos contra el patrimonio, el orden socioeconómico, la Hacienda Pública, la Seguridad Social o contra los derechos de los trabajadores, quedará excluido.

Deudores reincidentes

La ley no es un coladero infinito, solo se puede solicitar la exoneración de deudas cada 10 años.

Personas con deudas excluidas

Aunque el deudor cumpla los requisitos, hay ciertas deudas que no se cancelan nunca:

- Pensiones de alimentos derivadas de divorcio o custodia de hijos.
- Sanciones penales y administrativas graves.
- Multas por delitos.

Personas que no colaboran con el procedimiento

Si el deudor oculta información, no presenta la documentación requerida o entorpece el trabajo del juzgado y del administrador concursal, perderá el derecho a la exoneración.

Ejemplos prácticos

Ejemplo 1: consumidor con préstamos personales

Laura pidió varios préstamos para reformar su casa y cubrir gastos tras un divorcio, perdió el empleo y no puede pagar. No tiene antecedentes, ha intentado renegociar y aporta toda su documentación. Ella sí puede acogerse.

Ejemplo 2: autónomo con deuda pública

Pedro tenía un pequeño restaurante, cerró durante la pandemia y acumuló 40 000 € de deuda a Hacienda y 60 000 € a proveedores. Gracias a la reforma de 2022, puede exonerar hasta 10 000 € de Hacienda y 10 000 € de Seguridad Social; el resto se reestructurará. Sí puede acogerse.

Ejemplo 3: persona condenada por fraude fiscal

José fue condenado hace 5 años por delito fiscal por ocultar ingresos. Aunque ahora esté endeudado, la Ley no le permite acogerse.

Conclusión

La Ley de Segunda Oportunidad está diseñada para las personas físicas de buena fe, ya sean particulares o autónomos, que se encuentran en una situación de insolvencia real.

No es un privilegio ni un atajo para defraudadores, sino una herramienta de justicia social para quienes lo han intentado todo y aún así no pueden salir adelante.

Saber quién puede acogerse, y quién no, es clave antes de iniciar el procedimiento.

En los próximos capítulos veremos qué deudas se pueden cancelar, cómo funciona el proceso paso a paso y qué implicaciones tiene para la vida del deudor.

Qué deudas se pueden cancelar y cuáles no

Tipos de deuda cancelables

Cuando alguien se plantea acogerse a la Ley de Segunda Oportunidad, la primera duda que suele surgir es muy sencilla: ¿qué deudas se pueden cancelar y cuáles no entran en la exoneración?

No todas las obligaciones económicas son iguales a los ojos de la ley: algunas pueden cancelarse totalmente, otras parcialmente y otras nunca se perdonan. Esta distinción es fundamental para saber si acogerse a la ley es realmente la mejor solución para cada caso.

En este capítulo vamos a repasar, de manera clara y práctica, los distintos tipos de deudas y qué ocurre con cada una. Pondremos ejemplos que lo ilustren.

La Ley de Segunda Oportunidad está diseñada principalmente para perdonar deudas privadas, es decir, aquellas contraídas con bancos, financieras, proveedores, empresas o particulares.

Veamos los principales tipos de deuda que sí pueden ser canceladas:

a) **Préstamos personales y créditos al consumo.** Incluyen los préstamos concedidos por bancos o entidades financieras para cubrir gastos personales (compra de coche, reformas, viajes, etc.). También entran aquí los créditos rápidos y microcréditos.

Son plenamente cancelables, siempre que se cumplan los requisitos del procedimiento.

Ejemplo: María pidió 15 000 € para amueblar su casa. Perdió el empleo y no puede pagar. Si se acoge a la ley, esa deuda se puede cancelar.

b) **Tarjetas de crédito y *revolving*.** Las tarjetas de crédito son una de las principales fuentes de sobreendeudamiento en España, sobre todo las llamadas *revolving*, que generan intereses muy altos.

Estas deudas son cancelables y, en algunos casos, incluso pueden reclamarse por usura.

Ejemplo: Luis tiene 8000 € de deuda en una tarjeta *revolving* con un 25 % de interés. La deuda se puede cancelar dentro de la Ley de Segunda Oportunidad.

c) **Préstamos hipotecarios.** Aquí conviene distinguir:

La deuda hipotecaria vinculada a la vivienda habitual puede cancelarse si se entrega la vivienda al banco (dación en pago o ejecución hipotecaria).

Si la casa ya se ha perdido, la deuda remanente que queda tras la subasta también se cancela.

Lo que no se puede hacer es mantener la casa y al mismo tiempo cancelar la hipoteca (salvo casos excepcionales de vivienda protegida o acuerdo con el acreedor).

Ejemplo: Pedro tenía una hipoteca de 200 000 €. El banco subastó su casa por 150 000 € y aún le reclamaba 50 000 €. Con la Ley, esa deuda pendiente se cancela.

d) **Avales personales.** Muy habitual en autónomos y pequeños empresarios que avalaron personalmente préstamos de su sociedad. Estos avales son plenamente cancelables mediante el BEPI.

Ejemplo: Ana avaló con su patrimonio un préstamo de 100 000 € para su empresa, que quebró. La sociedad entró en concurso y ella se quedó con la deuda. Con la ley, puede liberarse de ese aval.

e) **Deudas con proveedores.** En el caso de autónomos, todas las deudas con proveedores o acreedores comerciales se pueden cancelar. Incluye facturas pendientes, alquileres de locales o suministros.

Ejemplo: Un transportista debe 20 000 € en gasoil a su proveedor. Si entra en la Ley de Segunda Oportunidad, esa deuda se cancela.

f) **Préstamos entre particulares.** El dinero prestado entre familiares, amigos o conocidos también es cancelable. El prestamista tendrá que aceptar la exoneración igual que un banco.

Ejemplo: Un amigo le prestó a Carlos 5000 € que nunca le pudo devolver. Esa deuda se perdona con la ley.

Deudas con Hacienda y la Seguridad Social: hasta dónde se pueden perdonar

Las deudas públicas han sido siempre el talón de Aquiles de la Ley de Segunda Oportunidad.

Antes de 2022

Ni Hacienda ni la Seguridad Social perdonaban un solo euro. Los jueces solo podían reestructurar los pagos, pero no cancelar la deuda. Esto hacía que muchos autónomos vieran la ley como inútil, porque su principal carga eran precisamente los impuestos y cotizaciones pendientes.

Después de la reforma concursal de 2022

Con la Ley 16/2022, España se adaptó parcialmente a las directivas europeas y se abrió la puerta a cancelar una parte de estas deudas.

Los cambios clave:

- Exoneración parcial: se pueden perdonar hasta 10 000 € con Hacienda y 10 000 € con la Seguridad Social.
- El resto de la deuda pública se puede reestructurar en un plan de pagos, pero no se elimina.

Ejemplo práctico: Si un autónomo debe 25 000 € a Hacienda y 15 000 € a la Seguridad Social, podrá cancelar 20 000 € (10 000 de cada organismo) y el resto (10 000 € en total) tendrá que pagarlo en un calendario aprobado por el juez.

Críticas actuales

Muchos expertos consideran que el límite de 10 000 € es demasiado bajo. En países como Francia o Alemania, las deudas públicas también se cancelan de forma más amplia. Esto hace que en España la ley siga siendo menos eficaz para autónomos que para consumidores.

Deudas excluidas: las que nunca se cancelan

Hay ciertos tipos de deudas que la ley protege expresamente y que no pueden ser objeto de exoneración.

a) **Deudas por pensiones de alimentos.** Incluye pensiones a favor de hijos o excónyuges establecidas en procesos de divorcio o separación.

La razón es clara: se trata de un derecho de menores o personas vulnerables que debe prevalecer sobre la situación económica del deudor.

Ejemplo: Juan debe 12 000 € de pensiones impagadas a sus hijos. Esa deuda no se cancela en ningún caso.

b) **Sanciones penales y administrativas graves.** Multas derivadas de sentencias penales.

Sanciones administrativas muy graves (por ejemplo, en materia de tráfico, medioambiente o sanciones tributarias por fraude doloso).

Ejemplo: Un empresario condenado por un delito medioambiental debe 50 000 € en multas. Esa deuda no se cancela.

c) **Indemnizaciones por responsabilidad civil derivada de delito.** Si una persona fue condenada a indemnizar a una víctima por un delito (accidente por conducción temeraria, estafa, lesiones, etc.), esa obligación nunca se extingue.

Ejemplo: Marta fue condenada a indemnizar con 20 000 € a una persona a la que causó lesiones en un accidente estando ebria. Esa deuda no desaparece.

d) **Deudas posteriores al procedimiento.** Solo se perdonan las deudas anteriores a la solicitud de la ley. Las deudas que se generen después deben pagarse.

Ejemplo: Si un deudor obtiene el BEPI en 2023, pero en 2024 contrae un préstamo y no lo paga, esa deuda nueva no queda protegida.

Ejemplos prácticos

Para entender mejor cómo funciona la clasificación de deudas, veamos algunos supuestos:

Caso 1: consumidor con deudas de tarjetas

Antonio debe 20 000 € en tarjetas y préstamos personales. No tiene vivienda ni bienes de valor. Con la ley, puede cancelar la totalidad de sus deudas.

Caso 2: autónomo con deudas mixtas

Carmen tenía una tienda que cerró tras la pandemia. Debe:

- 30 000 € a proveedores.
- 20 000 € a un banco (préstamo ICO).
- 15 000 € a Hacienda.
- 12 000 € a la Seguridad Social.

Con la ley podrá cancelar:

- Los 30 000 € de proveedores.
- Los 20 000 € del banco.

- 10 000 € de Hacienda y 10 000 € de Seguridad Social.
- El resto (7000 €) se pagará en un plan de pagos.

Caso 3: deudas con pensión de alimentos

Roberto debe 40 000 € de préstamos, 5000 € a un amigo y 8000 € en pensión de alimentos. Con la ley podrá cancelar los 45 000 €, pero no los 8000 € de pensiones, que deberá pagar íntegros.

Caso 4: deuda hipotecaria

Ana compró una vivienda con una hipoteca de 200 000 €. Perdió el trabajo y el banco ejecutó la hipoteca. Tras la subasta, aún debía 50 000 €. Esa deuda residual queda cancelada con la ley. Cuando el juez concede el BEPI, el deudor queda liberado de las deudas cancelables. Esto implica que:

- Se levantan los embargos.
- El deudor desaparece de los registros de morosos tras un tiempo.
- Puede volver a tener acceso a productos financieros (aunque con cautela).
- Recupera la tranquilidad y la posibilidad de rehacer su vida.

Conclusión

La Ley de Segunda Oportunidad no perdona todas las deudas, pero sí la mayoría de las que más pesan sobre los particulares y autónomos.

- Se cancelan totalmente: préstamos, tarjetas, créditos al consumo, avales, deudas con proveedores.
- Se cancelan parcialmente: deudas con Hacienda y la Seguridad Social (hasta 10 000 € por organismo).
- Nunca se cancelan: pensiones de alimentos, indemnizaciones por delitos, sanciones penales y administrativas graves.
- Conocer esta distinción es vital para decidir si iniciar el procedimiento.

La ley no es una varita mágica, pero puede suponer un alivio enorme para quienes están atrapados en una espiral de deudas privadas imposibles de pagar.

La Ley de Segunda Oportunidad paso a paso

La Ley de Segunda Oportunidad puede parecer compleja a primera vista; sin embargo, cuando se entiende su estructura, se aprecia que el procedimiento sigue un orden lógico destinado a proteger al deudor y garantizar que actúa de buena fe.

Es un procedimiento legal regulado, con varias fases que deben cumplirse con orden y transparencia, desde la preparación inicial hasta la obtención de la exoneración final. El objetivo es que cualquier persona pueda comprender cómo funciona y qué puede esperar en cada etapa.

El recorrido puede variar en función de si el deudor es un particular o un autónomo con deudas más complejas, pero en líneas generales siempre se siguen cinco grandes pasos:

- Comprobar la insolvencia y reunir documentación.
- Iniciar el procedimiento con notario o registrador (fase previa).
- Intentar un acuerdo extrajudicial de pagos con los acreedores.
- Acceder al BEPI.
- Pasar por el procedimiento judicial, en caso necesario.

A continuación, veremos cada fase en detalle.

Fase previa: comprobar la insolvencia

El primer paso antes de dar el salto a la Ley de Segunda Oportunidad es verificar si realmente existe insolvencia y si se cumplen los requisitos de buena fe que vimos en los capítulos anteriores.

a) **¿Qué significa insolvencia real?** La insolvencia no es simplemente tener muchas deudas, sino no poder atender de manera regular las obligaciones de pago.
Se manifiesta en hechos como:
- Impagos reiterados de préstamos o tarjetas.
- Embargos en nómina o cuentas.
- Devoluciones de recibos por falta de fondos.
- Atrasos en impuestos o cotizaciones sociales.

b) **Documentación necesaria.** El deudor debe reunir una fotografía completa de su situación económica, incluyendo:
- Contratos de préstamos, hipotecas y tarjetas.
- Recibos impagados.
- Declaraciones de la renta y de IVA (si es autónomo).
- Nóminas, pensiones o certificados de ingresos.
- Escrituras de propiedades o vehículos.
- Listado de bienes y cuentas bancarias.

Este paso es clave, porque sin documentación el procedimiento no puede prosperar.
La transparencia absoluta es una obligación.

c) **Asesoramiento previo.** Aunque la Ley permite a cualquiera iniciar el proceso, lo recomendable es contar desde el principio con asesores especializados (abogados, gestores o administradores concursales).

Un error en la preparación puede retrasar meses el procedimiento, o incluso hacerlo fracasar.

El papel del notario, el registrador y el mediador concursal

Antes de la reforma concursal de 2022, la ley establecía que el procedimiento debía comenzar con un intento de acuerdo extrajudicial de pagos gestionado por un mediador concursal.

a) **Notario o registrador como punto de partida.**
   • Los particulares iniciaban el proceso ante un notario de su domicilio.
   • Los autónomos empresarios lo hacían ante el registrador mercantil.
   • El notario o registrador comprobaba la documentación y solicitaba al juzgado el nombramiento de un mediador concursal.
b) **Funciones del mediador concursal.** El mediador era la figura encargada de:
   • Analizar la situación del deudor.
   • Elaborar una propuesta de pago realista.
   • Convocar a los acreedores a negociar.
   • Mediar para intentar alcanzar un acuerdo.
c) **Problemas en la práctica.** Este sistema tuvo muchas dificultades:
   • Escasez de mediadores: muchos renunciaban por falta de retribución adecuada.
   • Burocracia excesiva: ralentizaba el proceso.

- Resultados pobres: en la mayoría de los casos, los acreedores no aceptaban los acuerdos.

Por eso, la reforma de 2022 eliminó la fase del mediador concursal obligatorio, simplificando el acceso al juzgado.

Intento de acuerdo extrajudicial con los acreedores

Aunque ya no es obligatorio en todos los casos, sigue existiendo la posibilidad de pactar con los acreedores para evitar el procedimiento judicial completo.

a) **¿Qué es un acuerdo extrajudicial?** Consiste en proponer a los acreedores una quita (reducción del importe de la deuda) y/o una espera (ampliación del plazo de pago) para hacer viable el cumplimiento.
   Ejemplo: Un deudor debe 100 000 €. Puede proponer pagar 40 000 € en cinco años y pedir que el resto se condone.
b) **Ventajas de llegar a un acuerdo.**
   - Evita el procedimiento judicial.
   - Puede conservar parte del patrimonio.
   - Permite mantener relaciones comerciales en el futuro.
c) **Inconvenientes.** Requiere que los acreedores acepten, lo cual es poco habitual. Los bancos suelen ser reacios a renunciar a grandes cantidades. En la práctica, la mayoría de procedimientos terminan en la siguiente fase: solicitar directamente la exoneración judicial.

Acceso al BEPI

El BEPI es el corazón de la ley. Es el mecanismo mediante el cual el juez concede el perdón de las deudas que no se han podido pagar.

a) **Formas de obtener el BEPI.** Existen dos modalidades:
 - Exoneración inmediata tras la liquidación de bienes.
 - Se venden los bienes del deudor (si los hay).
 - Con lo recaudado se pagan parcialmente las deudas.
 - El juez perdona el resto.
 - Exoneración con plan de pagos.
 - Si el deudor no quiere liquidar todos sus bienes, puede proponer un plan de pagos de hasta 3–5 años.
 - Al final del plan, el juez exonerará el resto de la deuda.

b) **Deudas afectadas.** Se cancelan: préstamos personales, tarjetas, avales, créditos con proveedores.

 Se perdonan parcialmente: deudas con Hacienda y la Seguridad Social (hasta 10 000 € cada una).

 No se cancelan: pensiones de alimentos, sanciones penales, indemnizaciones por delito.

c) **Efectos del BEPI.**
 - Suspensión de embargos.
 - Salida progresiva de ficheros de morosos.
 - Posibilidad real de rehacer la vida económica.

Procedimiento judicial: qué esperar

Llegamos a la parte más formal: el paso por los juzgados mercantiles, que son los competentes en esta materia.

a) **Inicio del procedimiento.** El deudor, con ayuda de su abogado, presenta la solicitud de concurso de persona física ante el juzgado mercantil de su domicilio, aportando toda la documentación.

b) **Tramitación.**
   - Admisión a trámite. El juez comprueba que se cumplen los requisitos de buena fe e insolvencia.
   - Nombramiento de administrador concursal (solo en algunos casos).
   - Liquidación de bienes o aprobación de plan de pagos.
   - Valoración de impugnaciones. Los acreedores pueden oponerse, pero deben demostrar mala fe del deudor.

c) **Resolución.** El juez dicta sentencia, concediendo o denegando el BEPI. Si lo concede, las deudas cancelables quedan extinguidas.

d) **Duración del proceso.** Depende de la carga del juzgado y de la complejidad del caso.

   En la práctica, suele tardar entre 12 y 24 meses, aunque con la reforma se busca acortar los plazos.

e) **Costes judiciales.** El procedimiento implica:
   - Honorarios de abogado y procurador.
   - Posibles gastos de administrador concursal.
   - Tasas judiciales (en algunos casos).

   Estos costes varían, pero suelen oscilar entre 3000 y 8000 €, dependiendo de la complejidad y del volumen de deudas.

Ejemplo práctico

Imaginemos a Sofía, autónoma en el sector de la moda:

- Fase previa: Sofía reúne toda su documentación. Debe 90 000 € en préstamos, 20 000 € a proveedores y 15 000 € a Hacienda. Su negocio ha cerrado y no tiene ingresos.
- Notario/registrador: inicia el proceso, aunque no logra acuerdo extrajudicial con sus acreedores.
- Solicitud judicial: acude al juzgado mercantil con ayuda de su abogado.
- Plan de pagos: propone abonar 5000 € al año durante tres años, gracias a un nuevo empleo.
- BEPI: al final del plazo, el juez exonera el resto de la deuda. Sofía se libra de 110 000 € y puede empezar de cero.

Conclusión

El procedimiento de la Ley de Segunda Oportunidad no es rápido ni automático, pero sí claro y estructurado:

- Primero, hay que demostrar insolvencia y buena fe.
- Después, se puede intentar un acuerdo, aunque rara vez funciona.
- Finalmente, el juez concede el BEPI, que supone la cancelación de la mayor parte de las deudas.

El camino puede durar meses, e incluso años, pero al final ofrece lo que ninguna renegociación bancaria ni ningún parche temporal pueden dar: un nuevo comienzo real.

Tiempos y costes del proceso

Cuánto tarda el procedimiento (media en España)

Uno de los mayores miedos de quienes se plantean acogerse a la Ley de Segunda Oportunidad es que el procedimiento sea eterno y, además, demasiado caro. En parte, este temor es real: estamos ante un proceso judicial, lo que implica trámites, profesionales y costes inevitables. Sin embargo, también es cierto que, con buena planificación, asesoramiento adecuado y conocimiento de los factores que influyen, es posible reducir tiempos y optimizar gastos.

En este capítulo vamos a ver cuánto tarda de media el procedimiento en España, cuáles son los costes legales habituales, qué ayudas o alternativas existen para abaratarlo y qué factores pueden acelerar o retrasar la resolución.

a) **No existe un plazo único.** El tiempo que dura un proceso de Segunda Oportunidad varía según:
  - La carga de trabajo del juzgado mercantil que lleve el caso.
  - La complejidad de las deudas (no es lo mismo deber a dos bancos que a 30 acreedores diferentes).

- La colaboración del deudor en aportar documentación.
- La actitud de los acreedores (si impugnan o no).

b) **Duración media en España.** De acuerdo con los datos del Consejo General del Poder Judicial (CGPJ) y la experiencia de despachos especializados, el proceso suele durar:

- Entre 12 y 18 meses en casos sencillos (pocos acreedores, documentación clara, sin impugnaciones).
- Entre 18 y 24 meses en casos complejos (varios acreedores, deudas con Hacienda y la Seguridad Social, oposiciones judiciales).
- En situaciones excepcionales, puede superar los 3 años, especialmente en juzgados saturados.

c) **Fases y tiempos aproximados.**

- Fase previa (reunir documentación): 1-3 meses.
- Presentación en notaría/registrador o directamente en juzgado: 1 mes.
- Tramitación judicial inicial (admisión, revisión de requisitos): 3-6 meses.
- Liquidación de bienes o plan de pagos: 6–12 meses.
- Resolución judicial y concesión del BEPI: 3–6 meses.

En total: entre 12 y 24 meses, dependiendo de la agilidad del juzgado.

d) **Ejemplo práctico de tiempo real.** Particular con préstamos personales (caso sencillo): suele resolverse en unos 14 meses.

- Autónomo con deuda mixta (bancos + Hacienda + Seguridad Social): la media se acerca a los 20 meses.
- Caso complejo con múltiples acreedores e impugnaciones: puede llegar a 30 meses.

Costes legales y profesionales habituales

a) **Costes principales.** Acogerse a la Ley de Segunda Oportunidad no es gratis. Los principales gastos son:
  - Honorarios de abogado:
    - Obligatorios, porque el procedimiento judicial requiere representación letrada.
    - Suelen oscilar entre 2000 y 6000 €, dependiendo de la complejidad del caso.
  - Honorarios de procurador:
    - También obligatorios en sede judicial.
    - Entre 600 y 1200 €.
  - Administrador concursal:
    - En algunos procedimientos, se nombra un administrador concursal.
    - Sus honorarios pueden variar mucho: entre 1000 y 3000 € en casos sencillos, más en deudas elevadas.
  - Tasas judiciales:
    - Actualmente, las personas físicas están exentas de tasas en la mayoría de procedimientos, pero puede haber costes asociados a trámites registrales.
  - Otros gastos:
    - Certificados, copias, desplazamientos.
    - Normalmente menores de 200 €.

b) **Coste total medio.** Sumando todo lo anterior, el coste global del proceso suele situarse entre:
  - 3000 y 8000 € en la mayoría de casos.
  - En procedimientos muy complejos (grandes deudas, muchos acreedores), puede superar los 10 000 €.

c) **Forma de pago.** Los despachos suelen ofrecer facilidades:
- Pago fraccionado en cuotas mensuales.
- Pago inicial reducido y el resto cuando se obtiene el BEPI.
- Algunos incluso trabajan con la modalidad llamada a éxito, cobrando parte solo si el resultado es favorable.

Posibles ayudas y alternativas para reducir gastos

a) **Justicia gratuita.** Los deudores que cumplen los requisitos económicos pueden solicitar abogado de oficio y justicia gratuita. No cubre todos los gastos (p. ej., administrador concursal), pero reduce de forma significativa el coste.

b) **Asociaciones de consumidores.** Algunas asociaciones (OCU, FACUA, etc.) ofrecen asesoría inicial o convenios con abogados a precios más reducidos.

c) **Colegios de abogados.** Los colegios profesionales cuentan con servicios de orientación jurídica gratuitos, donde se puede obtener información y primeras consultas sin coste.

d) **Negociación con profesionales.** Es habitual que abogados y procuradores adapten sus honorarios a la situación del cliente, ofreciendo pagos en cuotas muy bajas o diferidos.

e) **Venta de activos no esenciales.** En muchos casos, los deudores pueden vender antes del proceso bienes no indispensables (un segundo coche, objetos de valor, etc.) para financiar los costes del procedimiento.

Factores que aceleran o retrasan el proceso

Factores que aceleran:
- Buena preparación documental.
- Si el deudor entrega desde el inicio toda la documentación ordenada, el procedimiento fluye más rápido.
- Pocos acreedores.
- Es más sencillo tramitar un caso con 3 acreedores que con 30.
- Colaboración total del deudor.
- La transparencia evita impugnaciones y retrasos.
- Acuerdo previo con acreedores.
- Aunque es raro, si los acreedores aceptan una propuesta, el procedimiento se acorta mucho.
- Juzgado con poca carga.
- En ciudades pequeñas, los tiempos suelen ser más ágiles que en grandes capitales.

Factores que retrasan:
- Falta de documentación.
- Si hay que pedir papeles a bancos, Hacienda o la Seguridad Social, el proceso se alarga meses.
- Oposición de acreedores.
- Si los acreedores impugnan, el juez debe resolver, lo que dilata el procedimiento.
- Existencia de bienes que liquidar.

- Vender una vivienda o un negocio requiere más tiempo.
- Deudas públicas elevadas.
- Hacienda y Seguridad Social suelen revisar con lupa cada caso, lo que ralentiza.
- Colapso judicial.

En grandes ciudades como Madrid o Barcelona, algunos juzgados mercantiles acumulan retrasos de más de un año.

Cronograma orientativo

Para que el lector entienda mejor los tiempos, presentamos un cronograma típico de un procedimiento medio:

- Meses 1–3: preparación de documentación y asesoramiento inicial.
- Meses 4–5: presentación de solicitud ante el juzgado.
- Meses 6–12: admisión a trámite, revisión de requisitos y posible liquidación de bienes.
- Meses 13–18: tramitación del plan de pagos (si procede).
- Meses 19–24: resolución judicial y concesión del BEPI.

Total: entre 18 y 24 meses en un caso estándar.

Ejemplo práctico

Caso de Manuel, autónomo endeudado. Situación inicial: 100 000 € de deuda (40 000 € bancos, 20 000 € proveedores, 25 000 € Hacienda, 15 000 € Seguridad Social).

- Tiempo total: 20 meses.
  - 2 meses preparando documentación.
  - 4 meses hasta admisión a trámite.
  - 10 meses de tramitación (incluida liquidación de bienes menores).
  - 4 meses hasta resolución judicial.
- Coste total: 6500 €.
  - 3500 € abogado.
  - 800 € procurador.
  - 2000 € administrador concursal.
  - 200 € otros gastos.

Gracias a la Ley, Manuel canceló la mayor parte de su deuda, incluidos 10 000 € con Hacienda y 10 000 € con la Seguridad Social. El resto se reestructuró en un plan de pagos.

Conclusión

La Ley de Segunda Oportunidad es una vía real para cancelar deudas, pero exige tiempo y dinero. El proceso dura de 12 a 24 meses, en función de la complejidad. Los costes oscilan entre 3000 y 8000 €, aunque pueden reducirse con justicia gratuita o negociación de honorarios.

Los factores clave para acortar tiempos son la preparación, la transparencia y la colaboración. Aunque pueda parecer un proceso largo y costoso, el resultado —liberarse de deudas que perseguirían de por vida— compensa sobradamente el esfuerzo.

Consecuencias de acogerse a la ley

Cancelación de deudas: qué significa realmente

Cuando un juez concede el BEPI, la vida del deudor cambia radicalmente. El alivio de dejar atrás deudas que parecían imposibles de saldar es enorme, pero al mismo tiempo surgen nuevas preguntas:

- ¿Qué significa realmente cancelar deudas?
- ¿Podré pedir un préstamo en el futuro?
- ¿Qué pasa con mi casa, mi coche o mis ahorros?
- ¿Cómo me verán los bancos y los acreedores?
- ¿De verdad podré empezar de cero?

En este capítulo analizaremos las consecuencias legales, financieras, patrimoniales y personales de acogerse a la ley.

La cancelación de deudas significa:

a) **La exoneración judicial.** Cuando se concede el BEPI, las deudas que entran en el procedimiento quedan extinguidas en la vía judicial. Esto implica que:
   - Los acreedores ya no pueden reclamarlas ni iniciar embargos.

- Los embargos existentes se levantan.
- El deudor queda liberado de esa obligación para siempre (salvo casos de revocación por mala fe).

b) **Qué se cancela y qué no.** Tal como vimos en el capítulo "Qué deudas se pueden cancelar y cuáles no":
- Se cancelan: préstamos personales, créditos bancarios, tarjetas, avales, deudas con proveedores.
- Se perdonan parcialmente: deudas con Hacienda y la Seguridad Social (hasta 10 000 € cada una).
- No se cancelan: pensiones de alimentos, sanciones penales, indemnizaciones por delitos.

c) **Importancia del auto judicial.** El documento clave es el auto judicial que concede el BEPI. Este auto es la garantía legal que acredita que el deudor ya no tiene que responder por las deudas exoneradas.

Ejemplo: Si una empresa de recobros llama después de la exoneración, basta con remitir copia del auto judicial para que cese el acoso.

Efectos sobre la vida financiera

a) **Ficheros de morosos.** Antes de la exoneración, es habitual que el deudor figure en registros de morosidad como ASNEF, RAI o CIRBE. Tras el auto del juez, las deudas se consideran extinguidas. En la práctica, los registros pueden tardar unos meses en actualizarse. El deudor puede solicitar expresamente la eliminación de sus datos aportando el auto judicial.

b) **Acceso a créditos e hipotecas.** Una de las grandes dudas es si tras acogerse a la ley se puede volver a pedir financiación.

- A corto plazo (1–3 años): es difícil. Los bancos consultan historiales y suelen ser reacios a conceder préstamos a quienes se han acogido a la Segunda Oportunidad.
- A medio plazo (4–6 años): el acceso mejora. Si el deudor demuestra estabilidad laboral e ingresos regulares, puede volver a obtener crédito.
- A largo plazo (7–10 años): el historial negativo desaparece y el acceso a productos financieros se normaliza.

c) **Relación con los bancos.** Es posible que las entidades con las que el deudor tuvo problemas sean más restrictivas en el futuro. Sin embargo, otros bancos sin relación previa pueden ofrecer productos con normalidad.

d) **Vida financiera sin créditos.** Muchos deudores descubren que, tras acogerse a la ley, es posible llevar una vida financiera más sana:

- Usar tarjetas de débito en lugar de crédito.
- Ahorrar antes de comprar en lugar de endeudarse.
- Recuperar la tranquilidad de no vivir pendiente de intereses y cuotas.

Consecuencias para autónomos y empresarios

a) **Cancelación de avales.** Muchos autónomos habían avalado personalmente los préstamos de su negocio. Con la ley, esos avales se pueden cancelar, lo que permite que el empresario no quede arruinado de por vida por la quiebra de una sociedad.

b) **Deudas con Hacienda y la Seguridad Social.** La reforma de 2022 permite cancelar hasta 10 000 € de cada organismo.

Para muchos autónomos, esto significa un alivio importante, aunque el resto debe reestructurarse.

c) **Reemprender tras la exoneración.** Una de las grandes ventajas de la ley es que permite a los autónomos volver a emprender sin estar perseguidos por deudas antiguas.
- Pueden darse de alta de nuevo en el RETA.
- Pueden firmar contratos sin miedo a embargos.
- Tienen la posibilidad de reinsertarse plenamente en la economía formal.

d) **Estigma empresarial.** En España, todavía existe cierto estigma hacia el empresario que ha fracasado; sin embargo, cada vez más se entiende que la Segunda Oportunidad es una herramienta legítima para volver a intentarlo.

Qué pasa con los bienes y el patrimonio

a) **Vivienda habitual.** Si la vivienda está hipotecada y no se puede pagar, suele venderse o ejecutarse.

Si el valor de mercado es bajo y no cubre la deuda, la exoneración borra el remanente pendiente.

En algunos casos, es posible conservar la vivienda si el plan de pagos permite afrontar la hipoteca y el banco no se opone.

b) **Vehículos.** Si el coche está financiado, normalmente se devuelve a la financiera.

Si está pagado y es necesario para trabajar (por ejemplo, un taxi o una furgoneta de autónomo), el juez puede permitir conservarlo.

c) **Ahorros y cuentas bancarias.** El saldo en cuentas se incluye en la masa que liquidar, salvo cantidades inembargables. La ley protege una parte mínima de ingresos para garantizar la subsistencia.

d) **Bienes de lujo.** Las joyas, las obras de arte, las segundas residencias u otros bienes de alto valor deben liquidarse obligatoriamente.

e) **Patrimonio futuro.** Las deudas canceladas no pueden reclamarse, aunque el deudor en el futuro herede o gane la lotería; sin embargo, las deudas no cancelables (alimentos, sanciones) sí, en cuanto existan bienes o ingresos suficientes.

¿Es realmente un nuevo comienzo?

a) **La liberación económica.** Para la mayoría de las personas, la principal consecuencia es recuperar la tranquilidad vital:
   - Se acaban las llamadas de recobro.
   - Se levantan embargos en nóminas o cuentas.
   - El miedo a abrir el buzón desaparece.
b) **Impacto psicológico.** Hay estudios psicológicos que señalan que el sobreendeudamiento genera ansiedad, insomnio y depresión. Tras la exoneración, los deudores

experimentan una sensación de renacimiento y mejora significativa de su salud mental.

c) **La segunda oportunidad como derecho.** La ley no es un regalo, sino una herramienta de justicia social.
   Reconoce que el fracaso económico no debe ser una condena perpetua.

d) **Prevención: no repetir errores.** El verdadero nuevo comienzo implica aprender de lo vivido:
   - Evitar endeudarse en exceso.
   - Llevar un control de ingresos y gastos.
   - Buscar asesoramiento financiero antes de tomar decisiones importantes.

e) **Limitaciones prácticas.** Durante unos años será más difícil acceder a créditos. La reputación financiera tardará en recuperarse.
   Hay deudas que seguirán vigentes (alimentos, sanciones).

Ejemplos prácticos

Caso 1: consumidor con préstamos

María, 38 años, debía 40 000 € en tarjetas y préstamos. Tras el BEPI, quedó libre de todas sus deudas. Vive de alquiler y trabaja con contrato indefinido. Aunque no puede pedir una hipoteca ahora, ha recuperado la tranquilidad.

Caso 2: autónomo arruinado

Javier, transportista autónomo, acumuló 100 000 € en deudas (40 000 € bancos, 20 000 € proveedores, 25 000 € Hacienda, 15 000 € Seguridad Social).

Con la ley canceló 80 000 € y reestructuró el resto. Tres años después, ha vuelto a darse de alta como autónomo y trabaja sin miedo a embargos.

Caso 3: familia con hipoteca

Una pareja con hijos perdió su casa en ejecución hipotecaria. Les quedaban 70 000 € de deuda con el banco. Gracias a la ley, esa deuda residual desapareció. Hoy viven de alquiler y han podido empezar de nuevo.

Conclusión

Acogerse a la Ley de Segunda Oportunidad tiene consecuencias profundas y positivas:

- Las deudas cancelables desaparecen legalmente.
- El deudor sale de la persecución de acreedores y registros de morosos.
- Los autónomos y empresarios pueden reemprender sin cargas del pasado.
- Los bienes no esenciales se liquidan, pero se protege lo básico para vivir.
- Lo más importante: se abre la puerta a un nuevo comienzo real.

No es una solución mágica ni exenta de limitaciones, pero supone un antes y un después en la vida de miles de personas. Quien se acoge a la ley no solo recupera la capacidad económica, sino también la dignidad personal y la confianza en el futuro.

Derechos y obligaciones del deudor en la ley

El principio de buena fe

La Ley de Segunda Oportunidad se apoya en un principio fundamental: quien solicita este mecanismo debe actuar con honestidad y transparencia.

A cambio, el sistema protege al deudor frente a la presión de los acreedores, suspende embargos y permite liberarse de sus deudas.

El deudor no es un sujeto pasivo, sino un actor activo que debe cumplir con una obligaciones estrictas, pero también puede ejercer derechos claros.

Este este capítulo explica con detalles ese equilibrio:

- Obligaciones esenciales (buena fe, transparencia y colaboración).
- Derechos que protegen al deudor frente a abusos.
- Consecuencias de incumplir las obligaciones.
- Ejemplos prácticos para comprenderlo.
- Mitos frecuentes que suelen confundir a los afectados.

La buena fe es el corazón de la Ley de Segunda Oportunidad, que significa que no basta con estar endeudado, hay que demostrar que se ha actuado de forma correcta y que la insolvencia no es producto de un engaño o de un comportamiento irresponsable deliberado.

a) **Qué significa la buena fe en la práctica.** Se considera que un deudor actúa de buena fe cuando:
   - No ha generado deudas de forma fraudulenta.
   - No pide un crédito sabiendo de antemano que no se va a devolver.
   - No hacen gastos desproporcionados poco antes de acogerse al procedimiento.
   - No oculta patrimonio.
   - Todos los bienes, ahorros e ingresos deben declararse.
   - Las transferencias sospechosas a familiares o sociedades pantalla levantan sospechas.
   - No ha sido condenado por delitos económicos graves en los últimos 10 años.
   - No ha sido condenado por delitos fiscales, de fraude a la Seguridad Social, blanqueo o falsedad documental, entre otros.
   - Se ha intentado cumplir las obligaciones. Aunque no se haya podido pagar todo, se ha demostrado disposición y esfuerzo.
b) **Por qué la buena fe es tan importante.** El juez solo concederá la exoneración de deudas (BEPI) si acredita la buena fe del deudor. Sin ella no hay segunda oportunidad.
c) **Ejemplos reales.**

- Caso A (buena fe): Isabel pidió un préstamo para su negocio, pero la pandemia arruinó su actividad. Aportó toda la documentación, explicó sus ingresos y colaboró en el procedimiento. El juez le concedió el BEPI.
- Caso B (mala fe): Carlos solicitó un préstamo un mes antes de iniciar el proceso y transfirió el dinero a la cuenta de un primo. Cuando salió a la luz, el juez denegó su exoneración.

Obligación de colaborar con la justicia y el mediador

a) **Colaboración como deber esencial.** El deudor debe cooperar activamente en todas las fases:
  - Presentarse cuando sea citado por el juzgado o el administrador concursal.
  - Responder con sinceridad a todas las preguntas.
  - Facilitar documentación actualizada.
  - No obstaculizar el trabajo de los profesionales que intervienen.
b) **Consecuencias de no colaborar.** Si el juez considera que el deudor está poniendo trabas al procedimiento, puede:
  - Denegar la exoneración.
  - Archivar el proceso.
  - Incluso imponer sanciones.
c) **Ejemplo práctico.** Antonio fue citado tres veces para entregar sus extractos bancarios y nunca compareció. El administrador lo informo y el juez archivo el procedimiento por falta de colaboración.

Transparencia en la declaración de bienes e ingresos

a) **La fotografía completa del patrimonio.** Uno de los pasos clave es declarar con detalle todo lo que se posee y todo lo que se debe.

Esto incluye:
- Viviendas, terrenos, locales, garajes.
- Vehículos, embarcaciones, motocicletas.
- Cuentas bancarias, depósitos, fondos de inversión.
- Nóminas, pensiones, facturación como autónomo.
- Bienes muebles de valor (joyas, obras de arte).
- Deudas con bancos, particulares, proveedores o administraciones públicas.

b) **Bienes inembargables.** El hecho de declararlos no significa que todo se liquide.

La ley protege:
- Una parte inembargable del salario (el equivalente al salario mínimo interprofesional).
- Mobiliario básico de la vivienda habitual.
- Herramientas esenciales para el trabajo.

c) **Ocultación de bienes, un error fatal.** La ocultación de patrimonio es uno de los mayores riesgos. No solo implica perder la posibilidad del BEPI, sino que puede acarrear un delito de alzamiento de bienes, castigado con penas de prisión.

Ejemplo: trasladar una propiedad a nombre de un familiar para que no aparezca en el procedimiento.

Derechos del deudor protegido por la ley

a) **Suspensión de ejecuciones y embargos.** Desde que se admite a trámite el procedimiento, se paralizan todas las ejecuciones:
   - No se pueden iniciar nuevos embargos.
   - Los embargos en curso se suspenden.
   - El deudor obtiene un respiro inmediato.

b) **Derecho a ingresos mínimos.** El deudor nunca se queda sin recursos.
   La ley respeta:
   - El salario mínimo inembargable.
   - Una parte adicional según cargas familiares.
   Esto asegura que se cubran las necesidades básicas.

c) **Derecho a conservar bienes esenciales.** El juez puede autorizar que el deudor conserve:
   - Las herramientas imprescindibles para trabajar.
   - Los vehículos necesarios para la actividad profesional.
   - Los bienes básicos de uso familiar.

d) **Derecho al trato digno.** Los acreedores y empresas de recobro deben cesar las prácticas de acoso desde la admisión del proceso.
   El deudor tiene derecho a no ser hostigado.

e) **Derecho a la exoneración definitiva.** Si cumple las condiciones, el deudor obtiene el BEPI y las deudas exonerables desaparecen legalmente.

Consecuencias de incumplir las obligaciones

- **Ocultar bienes o ingresos:** denegación del BEPI y posible proceso penal.
- **No colaborar con el juzgado:** archivo del procedimiento.
- **Mentir en las declaraciones:** pérdida de derechos y sanciones.
- **Generar deudas poco antes de acogerse:** puede interpretarse como fraude y arruinar el caso.

Comparación con otros países

- Alemania: exige seis años de conducta intachable (ahora tres) antes de exonerar deudas. La buena fe es aún más estricta que en España.
- Francia: el Banco de Francia supervisa todo el proceso y la colaboración es obligatoria. Ocultar bienes supone el fracaso automático.
- Estados Unidos: aunque el sistema es más flexible, los jueces también pueden revocar la exoneración si se demuestra mala fe.

España se sitúa en un punto intermedio: protege fuertemente al deudor, pero exige transparencia absoluta.

Mitos y dudas frecuentes

"Puedo esconder algo y no se enterarán"
✖ Falso. Hoy los jueces tienen acceso a registros bancarios, catastrales y fiscales. Tarde o temprano se descubre.

"Si colaboro, me quitarán hasta lo que tengo para comer"
✖ Falso. La ley protege los ingresos y bienes básicos.

"Los bancos pueden seguir llamándome, aunque esté en el proceso"
✖ Falso. Una vez admitida la solicitud, cesan las reclamaciones extrajudiciales.

"Puedo volver a pedir el BEPI cada vez que me endeude"
✖ Falso. Solo se puede solicitar una vez cada 10 años.

"Si heredo después de la exoneración, me quitarán la herencia"
✖ Falso. Las deudas canceladas no se reactivan nunca.

Ejemplos prácticos

Caso 1: consumidor transparente

Luis, con 50 000 € en préstamos, declaró todos sus bienes (un coche de 10 años, 2000 € de ahorros). Colaboró siempre. El juez le concedió el BEPI.

Caso 2: autónomo que ocultó ingresos

Marcos, con 80 000 € de deuda, no declaró que seguía facturando en negro. El administrador lo descubrió y el juez denegó la exoneración.

Caso 3: madre de familia con buena fe

Raquel debía 25 000 € en tarjetas y préstamos. Mostró su nómina, presentó todos los papeles y el juez respetó su salario mínimo para mantener a sus hijos.

Conclusión

La Ley de Segunda Oportunidad es un camino hacia la libertad financiera, pero no es automático ni incondicional. El deudor debe demostrar en todo momento honestidad, transparencia y colaboración. A cambio, la ley le ofrece protección, dignidad y el derecho a rehacer su vida sin el peso de las deudas.

El mensaje es claro:

- Cumple tus obligaciones (buena fe, colaboración, transparencia).
- Ejercita tus derechos (protección frente a embargos, ingresos mínimos, exoneración).

Solo así se materializa lo que da nombre a esta norma: una verdadera segunda oportunidad y un nuevo comienzo.

Casos prácticos y ejemplos reales

En los capítulos anteriores hemos visto qué es la Ley de Segunda Oportunidad, cómo funciona el procedimiento, quién puede acogerse y qué deudas se pueden cancelar; pero la mejor manera de comprender su alcance es a través de ejemplos prácticos, casos de personas que podrían ser cualquiera de nosotros.

Las historias que siguen son representaciones basadas en situaciones habituales, construidas a partir de cientos de expedientes reales tramitados en España. Se trata de ejemplos didácticos que muestran tanto los éxitos como los fracasos, con la idea de que el lector entienda cómo aplicar la Ley correctamente a su propia vida.

Autónomo con deudas con Hacienda y bancos

El caso de Miguel, transportista autónomo

Miguel tiene 45 años y trabajó durante dos décadas como transportista autónomo. En 2018 se compró un camión con un préstamo de 80 000 €, avalado personalmente.

La pandemia fue un golpe demoledor: perdió clientes, acumuló facturas impagadas y no pudo seguir cotizando a la Seguridad Social.

Deuda total en 2021

- 50 000 € préstamo bancario (quedaba pendiente parte del camión, ya embargado).
- 20 000 € con Hacienda (IVA y retenciones no ingresadas).
- 15 000 € con la Seguridad Social (cuotas de autónomo).
- 10 000 € con proveedores de combustible.

Situación personal

Vive de alquiler, con ingresos esporádicos como conductor por cuenta ajena.

El procedimiento

Miguel se asesoró y reunió toda la documentación. Inició el proceso directamente en el juzgado mercantil tras la reforma de 2022. Presentó una propuesta de plan de pagos de 200 € al mes durante tres años.

Resolución

El juez canceló íntegramente la deuda bancaria y la de proveedores. Se exoneraron 10 000 € de Hacienda y 10 000 € de Seguridad Social. El resto (15 000 €) se incluyó en el plan de pagos.

Resultado final

Miguel pasó de deber 95 000 € a tener que pagar solo 15 000 € en tres años. Recuperó la tranquilidad y pudo trabajar legalmente como asalariado sin miedo a embargos.

Lección

la Ley de Segunda Oportunidad es especialmente útil para autónomos que arrastran deudas con bancos y parte con Administraciones públicas.

Particular con hipoteca y préstamos personales

El caso de Laura, administrativa en paro

Laura compró en 2007 un piso con una hipoteca de 180 000 €. En 2013 perdió el empleo y comenzó a encadenar trabajos temporales. Para sobrevivir pidió varios préstamos personales y empezó a usar tarjetas de crédito.

Deuda total en 2020

- 120 000 € hipoteca (pendiente tras ejecución hipotecaria).
- 25 000 € préstamos personales.
- 12 000 € tarjetas de crédito.

Situación personal

Madre soltera, vive de alquiler con sus dos hijos, con ingresos de 900 € mensuales.

El procedimiento

La vivienda fue ejecutada, pero quedó un remanente de 50 000 € con el banco. Inició el procedimiento con ayuda de un abogado de oficio. Se acreditó la insolvencia y la buena fe: Laura nunca ocultó bienes ni ingresos.

Resolución

Se cancelaron los 50 000 € de deuda hipotecaria residual. También se perdonaron los préstamos y las tarjetas (37 000 €). Conservó su salario mínimo sin riesgo de embargo.

Resultado final

Laura quedó libre de deudas y pudo rehacer su vida sin estar atada al fracaso de una hipoteca imposible de pagar.

Lección

La ley es una salida para particulares atrapados por hipotecas y créditos, siempre que se cumpla el principio de buena fe.

Empresario que cerró su negocio y no pudo pagar a sus proveedores

El caso de Andrés, pequeño empresario textil

Andrés tenía una sociedad limitada dedicada al textil con cinco empleados. En 2019 perdió contratos clave y en 2020, con la pandemia, se vio obligado a cerrar. La empresa entró en concurso, pero él había avalado personalmente varios contratos.

Deuda total en 2021

- 60 000 € con bancos (líneas de crédito avaladas).
- 40 000 € con proveedores textiles.
- 8000 € con Hacienda (IVA).

Situación personal

Casado, con vivienda habitual hipotecada (pendiente 100 000 €, valor de mercado similar).

El procedimiento

Declaró todos sus bienes, incluida la vivienda hipotecada. Como el valor de la casa cubría la hipoteca, logró conservarla, tras acuerdo con el banco, que aceptó seguir cobrando la cuota. Solicitó la exoneración del resto de deudas.

Resolución

Cancelación de los 60 000 € con bancos (no hipotecarios). Cancelación de los 40 000 € con proveedores. Exoneración de 8000 € con Hacienda.

Resultado final

Andrés mantuvo su casa y su familia quedó liberada de 108 000 € de deuda. Hoy trabaja como asalariado y planea emprender de nuevo en unos años.

Lección

Incluso quienes han tenido empresa pueden reinsertarse gracias a la ley, siempre que se actúe con buena fe y se documenten todos los bienes.

Ejemplo de éxito

Marta, madre de 3 hijos, un nuevo comienzo.

Debía 70 000 € en préstamos y tarjetas tras un divorcio. No tenía vivienda en propiedad y sus ingresos eran de 1100 € mensuales como cajera de supermercado.

Qué hizo bien

- Aportó toda la documentación desde el principio.
- No ocultó nada, ni siquiera los pequeños ahorros que tenía.
- Colaboró en todo momento con el juzgado y el administrador.

Resultado

En 16 meses obtuvo el BEPI y todas sus deudas quedaron canceladas.

Situación personal

Hoy Marta vive de alquiler, sin deudas, y ha recuperado la estabilidad familiar y emocional.

Claves del éxito

- Buena fe demostrada.
- Transparencia absoluta.
- Procedimiento ágil gracias a la colaboración.

Ejemplo de fracaso

Juan, un caso de mala fe

Debía 90 000 € tras el cierre de su negocio. Inició el procedimiento, pero cometió varios errores:

- Vendió su coche a un primo por 500 €, cuando valía 10 000 €.
- Ocultó una cuenta bancaria con 3000 €.
- No se presentó a varias citaciones judiciales.
- El administrador concursal descubrió las irregularidades y el juez denegó la exoneración.

Consecuencia

Juan sigue debiendo los 90 000 €, más los costes del procedimiento.

Lección

La falta de buena fe y la ocultación de bienes son la peor estrategia. La ley protege solo a quienes colaboran de forma transparente.

Enseñanzas comunes de los casos

La importancia de la documentación. Quien aporta todo desde el inicio gana tiempo y credibilidad.

La transparencia es clave. Intentar engañar al sistema siempre acaba en el fracaso.

La ley no es igual para todos. Los autónomos tienen el obstáculo de las deudas públicas, aunque desde 2022 la situación ha mejorado.

El resultado compensa. Aunque el proceso dure 18 meses y cueste varios miles de euros, la liberación de deudas de decenas o cientos de miles lo hace rentable.

Conclusión

Los casos analizados muestran que la Ley de Segunda Oportunidad no es teoría, sino una realidad práctica que cambia vidas.

- Autónomos: pueden cancelar deudas con bancos, proveedores y parte de Hacienda y la Seguridad Social.
- Particulares: pueden liberarse de préstamos, tarjetas e incluso del remanente de una hipoteca tras perder la casa.
- Pequeños empresarios: tienen la posibilidad de cerrar su etapa empresarial sin arrastrar deudas de por vida.

Y, sobre todo, la gran enseñanza: el éxito depende de la buena fe, la transparencia y la colaboración. La ley da una nueva oportunidad a quienes lo merecen, pero castiga con dureza a quienes intentan aprovecharse de ella.

Para cualquier deudor que se pregunte si vale la pena iniciar este camino, estos ejemplos dejan claro que sí: puede ser la diferencia entre vivir perseguido por las deudas o recuperar la tranquilidad y empezar de nuevo.

Preguntas frecuentes y mitos sobre la ley

La Ley de Segunda Oportunidad existe desde 2015, pero todavía es muy desconocida por gran parte de la población. A esta falta de información se suma la difusión de mitos y medias verdades que generan miedo e inseguridad en los deudores. Muchos prefieren resignarse a vivir con embargos de por vida antes que acogerse al procedimiento, porque creen, erróneamente, que perderán todo lo que tienen o que quedarán marcados para siempre como malos pagadores.

Este capítulo quiere derribar esas barreras. Reunimos aquí las preguntas más habituales y los mitos más extendidos, para responderlos con claridad y ejemplos reales.

¿Voy a perder mi casa?

Mito: todos los deudores pierden la vivienda habitual

La gran duda

La vivienda habitual es el bien más importante para cualquier familia. Muchos deudores no inician el proceso porque piensan que automáticamente perderán su casa.

La realidad

Si la vivienda está hipotecada y no se puede pagar, el banco puede ejecutarla. En ese caso, la casa se pierde, igual que ocurriría fuera de la ley.

Si la hipoteca es asumible y el valor de la vivienda no supera mucho la deuda pendiente, en algunos casos el juez permite conservarla, siempre que se sigan pagando las cuotas. Si la casa ya se ejecutó, la deuda residual (el dinero que el banco sigue reclamando después de la subasta) sí se cancela con la ley.

Ejemplo práctico

Pedro debía 150 000 € de hipoteca. El banco subastó la casa en 100 000 € y aún le reclamaba 50 000 €. Con la Ley de Segunda Oportunidad esos 50 000 € desaparecieron.

Resumen

No siempre se pierde la casa, depende de la situación hipotecaria, del valor de la vivienda y de la capacidad de pago.

Lo que sí garantiza la ley es que ningún deudor seguirá debiendo dinero después de perder su vivienda.

¿Nunca más podré pedir un préstamo?

Mito: se cree que, una vez acogido a la ley, el deudor queda marcado para siempre y ningún banco volverá a prestarle dinero.

La realidad:

- A corto plazo (1–3 años): es difícil acceder a créditos. Los bancos desconfían y los registros de morosidad tardan en actualizarse.
- A medio plazo (4–6 años): si el deudor demuestra ingresos estables y comportamiento responsable, puede volver a obtener financiación.
- A largo plazo (7–10 años): el historial negativo desaparece y la situación se normaliza.

Ejemplo práctico

Laura se acogió a la Ley en 2018. En 2022 ya pudo contratar un préstamo de 10 000 € para comprar un coche, porque tenía contrato indefinido y no constaba en ficheros de morosidad.

Resumen

La ley no es una condena financiera de por vida.

Sí implica una restricción temporal, pero tras unos años es posible volver a pedir préstamos, hipotecas o tarjetas de crédito.

¿Es lo mismo que un concurso de acreedores?

La confusión

Mucha gente piensa que la Ley de Segunda Oportunidad es un concurso de acreedores disfrazado.

La realidad

El concurso de acreedores tradicional está pensado para empresas. Su finalidad es intentar salvar la sociedad o liquidarla ordenadamente.

La Ley de Segunda Oportunidad es un procedimiento específico para personas físicas (particulares o autónomos). Su objetivo es cancelar las deudas y comenzar de nuevo.

Ambos se basan en la misma normativa concursal, pero con diferencias clave:

- El concurso busca la viabilidad empresarial.
- La Segunda Oportunidad busca la rehabilitación personal y económica del deudor.

Ejemplo práctico

Una sociedad limitada que no puede pagar entra en concurso. El dueño de un bar autónomo, que debe a bancos y Hacienda, se acoge a la Ley de Segunda Oportunidad.

Resumen

No son lo mismo. La segunda oportunidad es la herramienta pensada para personas físicas, mientras que el concurso clásico se aplica a empresas.

¿Me pueden embargar después?

La duda

Si el juez concede el BEPI, ¿pueden volver a embargarme mis ingresos en el futuro?

La realidad

Las deudas exoneradas desaparecen. Los acreedores no pueden reclamar ni embargar nada relacionado con ellas.

Las deudas no exonerables (alimentos, sanciones, indemnizaciones por delito) sí pueden embargarse en el futuro si hay bienes o ingresos suficientes.

Las nuevas deudas posteriores al procedimiento también son embargables si no se pagan.

Ejemplo práctico

Sofía logró la exoneración de 80 000 € en préstamos. Dos años después heredó un piso. Nadie puede embargarlo por aquellas deudas, porque ya quedaron extinguidas. Sin embargo, debía 5000 € en pensiones de alimentos atrasadas. Esa deuda sigue viva y puede dar lugar a embargos.

Resumen

Tras el BEPI, los embargos por deudas pasadas desaparecen. Solo pueden embargar por deudas no exoneradas o nuevas deudas futuras.

¿Es cierto que casi nadie se acoge porque es complicado?

El mito

Se escucha con frecuencia que la Ley no sirve para nada porque casi nadie se acoge a ella, o que es un proceso inalcanzable para la mayoría.

La realidad

En los primeros años, la ley tuvo una aplicación muy limitada, en parte por desconocimiento y en parte por su complejidad. Con la reforma de 2022, el acceso se simplificó: desapareció la fase obligatoria del mediador concursal y se abrió la puerta a cancelar parte de las deudas públicas. Cada año crece el número de personas que se acogen a ella. Según el CGPJ, los concursos de persona física han aumentado de forma constante desde 2019.

Por qué se percibe dificultad
- Falta de información: muchos no saben que tienen este derecho.
- Coste económico: tener que contar con abogado y procurador supone un gasto inicial.
- Estigma social: existe miedo a reconocer que se ha fracasado.

Ejemplo práctico

En 2016 apenas unas centenas de personas se acogían cada año. En 2023, miles de particulares y autónomos iniciaron el procedimiento, el crecimiento es exponencial.

Resumen

No es cierto que nadie se acoja. Cada vez más personas utilizan la ley, aunque aún queda camino por recorrer para normalizarla y hacerla más accesible.

Otros mitos frecuentes

"La ley es solo para ricos que no quieren pagar"
✗ Falso. La mayoría de solicitantes son autónomos arruinados, desempleados o familias con ingresos bajos.

"Si me acojo, me señalarán como moroso de por vida"
✗ Falso. Los registros de morosidad se actualizan tras el auto judicial.

"La ley es automática: me acojo y ya está"
✗ Falso. Requiere un procedimiento judicial con obligaciones estrictas.

"Si obtengo el BEPI, nunca más podré emprender"
✗ Falso. Precisamente la ley permite reemprender sin arrastrar deudas pasadas.

"Es mejor aguantar con embargos que pasar por un proceso tan largo"
✗ Falso. Los embargos pueden durar toda la vida. El procedimiento, aunque dure 18 meses, tiene un final liberador.

Preguntas prácticas adicionales

¿Cuánto tiempo dura la exoneración?
Es definitiva, salvo que se descubra mala fe o fraude.

¿Puedo volver a acogerme a la ley si me endeudo otra vez?
Solo cada 10 años.

¿Qué pasa con mis avalistas?
Si te acoges a la ley, tus avalistas siguen respondiendo, salvo que ellos también se acojan.

¿Puedo conservar mi coche?
Si está pagado y es esencial para trabajar o para la vida familiar, el juez puede autorizarlo.

¿Qué pasa con las deudas compartidas con mi pareja?
Cada cónyuge debe acogerse individualmente. La exoneración de uno no borra automáticamente la deuda del otro.

Ejemplo ilustrativo de cómo derribar un mito

Marcos, autónomo, debía 100 000 €. Nunca se atrevía a iniciar la ley porque había escuchado que nadie la consigue y que le quitarían hasta la ropa. Tras informarse, vio que podía conservar parte de su salario, que la exoneración era real y que había miles de casos como el suyo. En 18 meses quedó libre de deuda.

Este ejemplo demuestra que muchos miedos provienen más de la desinformación que de la realidad legal.

Conclusión

Las preguntas frecuentes y los mitos que rodean a la Ley de Segunda Oportunidad son uno de sus principales obstáculos. La realidad, sin embargo, es mucho más positiva:

* No siempre se pierde la casa.
* No es una condena financiera de por vida.
* No es lo mismo que un concurso de empresas.
* Tras el BEPI, los embargos desaparecen.
* Cada vez más personas se acogen con éxito.

La clave está en informarse bien, asesorarse con profesionales y no dejarse llevar por rumores.

Quien comprende realmente cómo funciona la ley descubre que sí es un camino viable y justo para dejar atrás las deudas y empezar de nuevo.

La segunda oportunidad en Europa y el mundo

La idea de que una persona sobreendeudada pueda liberarse de sus deudas y empezar de nuevo no es exclusiva de España. De hecho, nuestro país llegó tarde a reconocer este derecho. Antes, muchos otros países ya contaban con mecanismos legales que permitían a los ciudadanos reiniciar su vida económica tras una quiebra personal.

Conocer cómo funciona la segunda oportunidad en otros lugares nos ayuda a comprender mejor nuestro sistema, sus limitaciones y sus virtudes. Además, demuestra que no estamos ante un privilegio extraño, sino ante un derecho extendido en el mundo desarrollado.

Breve repaso histórico: EE. UU., pionero en el *fresh start*

El origen del concepto

En Estados Unidos, la quiebra personal es un derecho arraigado desde el siglo XIX. La Constitución ya reconocía la necesidad de leyes de bancarrota para ciudadanos.

El concepto de *fresh start* o nuevo comienzo es uno de los pilares del sistema americano.

Funcionamiento básico

El procedimiento estadounidense de bancarrota para personas físicas ofrece dos modalidades principales:

Capítulo 7 (liquidación):

- El deudor entrega sus bienes no esenciales.
- Al cabo de unos meses queda libre de deudas.
- Es rápido y muy utilizado.

Capítulo 13 (reestructuración):

- El deudor se compromete a un plan de pagos de 3 a 5 años.
- Tras cumplirlo, se cancelan las deudas restantes.

Características clave

El proceso es relativamente ágil: unos meses en el capítulo 7, unos años en el 13.

Se permite cancelar deudas de todo tipo, incluidas fiscales en algunos casos.

Existe un fuerte componente cultural: en EE. UU. declararse en bancarrota no es visto como una vergüenza, sino como parte natural del riesgo económico.

Ejemplo práctico

Donald Trump, antes de ser presidente, pasó por procesos de bancarrota empresarial en varias de sus compañías. Lejos de acabar con su carrera, pudo reemprender y seguir activo. Esta mentalidad de que la quiebra no es el final, sino una oportunidad, impregna el sistema americano.

Modelos europeos

Europa ha ido avanzando en las últimas décadas hacia sistemas de segunda oportunidad más amplios, aunque cada país conserva sus particularidades.

Francia: pionera en Europa continental

Francia introdujo en 1989 la llamada Ley Neiertz, que creó la posibilidad de renegociar deudas de particulares. Con los años, el sistema evolucionó hacia mecanismos más potentes de cancelación.

La Comisión de Sobreendeudamiento estudia los casos. Puede imponer planes de pago o incluso la cancelación total de deudas en situaciones de insolvencia grave. Incluye deudas públicas, lo que lo hace más favorable que el modelo español.

En Francia, el objetivo es claro: evitar la exclusión social y permitir la reinserción económica.

Alemania: disciplina y tiempo

Alemania introdujo su sistema de insolvencia personal en 1999. Sus características principales:

- El deudor debe pasar por un periodo de buen comportamiento de 3 a 6 años.
- Durante ese tiempo, entrega todos sus ingresos embargables.
- Si cumple fielmente, al final obtiene la liberación del resto de sus deudas.

En 2020, la UE impulsó reformas y Alemania redujo el plazo a 3 años, alineándose con la tendencia europea a acortar los procesos.

Portugal: rapidez y flexibilidad

Portugal reformó su sistema en 2012 con la introducción del procedimiento especial de revitalización (PER) y el proceso especial de exoneración de pasivo restante (PEEPR).

Permite acuerdos rápidos con acreedores. En caso de liquidación, la exoneración puede llegar en 3 años. Se cancelan tanto deudas privadas como públicas.

La visión portuguesa es más pragmática: evitar que el ciudadano quede atrapado y devolverlo cuanto antes al circuito económico.

Diferencias clave con España

Aunque España se equiparó a Europa en 2015 al aprobar su Ley de Segunda Oportunidad, todavía hay diferencias notables con otros países.

1. Deudas públicas

- **España:** solo permite cancelar hasta 10 000 € con Hacienda y 10 000 € con la Seguridad Social. El resto debe pagarse en planes de pago.
- **Francia, Portugal o EE. UU.:** incluyen deudas fiscales en la exoneración total.
- **Alemania:** también permite cancelar deudas públicas tras el periodo de buena conducta.

Aquí está la principal debilidad del sistema español, especialmente para autónomos.

2. Duración del proceso

- **España:** entre 12 y 24 meses, aunque puede alargarse en juzgados saturados.
- **Alemania:** 3 años de *probation*.
- **Portugal:** 3 años.
- **EE. UU.:** meses en el capítulo 7 y 3-5 años en el capítulo 13.

España está en la media, aunque algunos juzgados convierten el proceso en un calvario por falta de medios.

3. Estigma cultural

- **España:** aún existe la idea de que acogerse a la ley es dejar de pagar y un fracaso personal.
- **EE. UU.:** la bancarrota es vista como parte del riesgo normal de emprender.
- **Francia y Portugal:** el proceso está más normalizado y menos estigmatizado.

La barrera cultural en España hace que menos personas se animen a usar el mecanismo.

4. Accesibilidad

- **España:** el procedimiento puede costar entre 3000 y 8000 €, lo que es una barrera para quienes ya están arruinados.
- **Francia y Alemania:** costes más bajos gracias a una mayor implicación de organismos públicos.
- **EE. UU.:** existen tasas judiciales, pero también un mercado muy amplio de abogados especializados y fórmulas asequibles.

Reformas pendientes en España

a) **Ampliar la exoneración de deudas públicas.** Este es el punto más urgente. Limitar la exoneración a 10 000 € con Hacienda y 10 000 € con la Seguridad Social deja a miles de autónomos fuera de la utilidad real de la ley.

Un modelo más cercano al francés o portugués sería más justo.

b) **Agilizar los procedimientos.** Muchos juzgados mercantiles están saturados, lo que retrasa procesos más de dos años.

Invertir en medios y digitalización es clave.

c) **Fomentar la educación financiera y la divulgación.** Gran parte de la población no sabe que esta ley existe. Las campañas públicas de información, igual que ocurre en otros países, serían necesarias.

d) **Reducir costes.** Los costes de abogados y procuradores suponen un obstáculo. Se podría crear un sistema público de asesoramiento especializado, como ocurre en Francia con las comisiones de sobreendeudamiento.

e) **Cambiar la cultura del fracaso.** España necesita evolucionar hacia una visión más pragmática: fracasar económicamente no es un estigma moral, sino una circunstancia de la vida.

La ley es una herramienta de reinserción, no un castigo.

Conclusión

La Ley de Segunda Oportunidad española es un avance histórico. Ha permitido que miles de ciudadanos se liberen de deudas y recuperen su vida. Pero el camino no termina aquí. En comparación con otros países:

- Estamos alineados en plazos y procedimiento.
- Seguimos rezagados en lo más importante: la exoneración de deudas públicas.

- Culturalmente aún nos cuesta normalizar el derecho a fracasar y volver a empezar.

La buena noticia es que España forma parte de una tendencia global: cada vez más países reconocen el derecho al *fresh start* como un pilar de justicia social y desarrollo económico.

El reto de los próximos años es acercar nuestro sistema a los estándares europeos, hacer la ley más accesible, más rápida y más útil para los colectivos que más la necesitan. Mientras tanto, el mensaje que debe quedar claro es este: no estamos solos ni inventamos nada extraño.

En todo el mundo, las democracias avanzadas reconocen que las personas tienen derecho a liberarse de sus deudas y rehacer su vida.

Y España, con sus carencias, ya forma parte de esa corriente imparable.

Alternativas y complementos a la segunda oportunidad

La Ley de Segunda Oportunidad es el mecanismo más potente en España para cancelar deudas imposibles de pagar. Sin embargo, no es la única salida. En muchos casos, antes de llegar a ese punto o como complemento al procedimiento, existen otras alternativas que permiten aliviar la carga económica.

No todas las personas cumplen los requisitos de la ley o desean pasar por un proceso judicial que puede durar hasta dos años. Algunas prefieren agotar otras vías previas, ya sea negociando con los acreedores, recurriendo a programas públicos o buscando acuerdos más sencillos.

En este capítulo exploraremos estas opciones alternativas y complementarias, que también forman parte de un mapa de soluciones al sobreendeudamiento.

Negociación directa con acreedores

a) **El poder de la negociación.** En ocasiones, los propios acreedores son conscientes de que es mejor cobrar una parte que nada. Si un deudor se sienta con el banco, la financiera o el proveedor y plantea una solución realista, puede lograr:

- Quitas: reducción de la deuda total.
- Esperas: ampliación del plazo de pago.
- Refinanciación: sustitución de deudas antiguas por un nuevo crédito con condiciones más manejables.

b) **Cómo plantear la negociación.** Preparar una propuesta concreta y por escrito. Acreditar ingresos reales y demostrar voluntad de pago. Explicar que la alternativa sería acogerse a la segunda oportunidad, que concluiría en que el acreedor podría no cobrar nada.

c) **Ejemplo práctico.** Ana debía 20 000 € a una financiera. Planteó pagar 12 000 € en dos años, con cuotas fijas de 500 €. La entidad aceptó porque entendió que era mejor recuperar esa cantidad que arriesgarse a perderlo todo en un concurso.

d) **Ventajas e inconvenientes.**
- Ventajas: rapidez, evita procesos judiciales, menos costes.
- Inconvenientes: depende de la voluntad del acreedor, que muchas veces se niega a negociar.

Reestructuración bancaria: el Código de Buenas Prácticas

a) **Qué es.** En 2012 se creó en España el Código de Buenas Prácticas Bancarias para proteger a las familias con hipotecas que no podían pagar.

No es una ley obligatoria, pero los bancos que se adhieren deben aplicar sus medidas a los clientes que cumplen los requisitos.

b) **Medidas principales**
- Carencia temporal de capital: pagar solo intereses durante un tiempo.
- Ampliación de plazo: reducir la cuota alargando la hipoteca.
- Reducción del tipo de interés.
- Dación en pago: entregar la vivienda y saldar la deuda.

c) **Requisitos básicos**
- Ingresos familiares inferiores a un umbral (3 veces el IPREM, con ajustes por cargas).
- Que la hipoteca recaiga sobre la vivienda habitual.
- Que el precio de adquisición de la vivienda no supere ciertos límites (dependiendo de la población).

d) **Ejemplo práctico.** Una familia con ingresos de 1200 € no podía pagar una cuota de 700 €. El banco aplicó una carencia de 5 años en la que solo pagaban intereses, con lo que se redujo la cuota a 300 €. Esto les permitió mantenerse en su vivienda.

e) **Valoración.** El código ha evitado miles de desahucios, pero no siempre se aplica con agilidad. Además, su alcance está limitado a hipotecas, no a otros tipos de deudas.

Dación en pago y alquiler social

a) **La dación en pago.** Consiste en entregar la vivienda al banco a cambio de saldar completamente la deuda hipotecaria. Aunque no es obligatoria en España, algunos bancos la aceptan en casos de familias vulnerables o cuando la vivienda ya no tiene valor suficiente para cubrir la hipoteca.

b) **El alquiler social.** En ocasiones, tras la dación en pago las familias pueden permanecer en su vivienda como inquilinos pagando un alquiler reducido.

Esto se ha aplicado especialmente en viviendas de bancos rescatados o en programas de la Sareb (el llamado "banco malo").

c) **Ejemplo práctico.** Luis entregó su vivienda al banco para saldar una hipoteca de 150 000 € que no podía pagar. Posteriormente, firmó un contrato de alquiler social por 250 € al mes para seguir viviendo en la misma casa con su familia.

d) **Ventajas e inconvenientes**

- Ventajas: elimina el riesgo de deuda hipotecaria residual.
- Inconvenientes: se pierde la propiedad y depende de la voluntad del banco o de convenios públicos.

Microcréditos sociales y ayudas públicas

a) **Microcréditos sociales.** Algunas entidades, como la Fundación Nantik Lum, MicroBank de La Caixa o programas municipales, ofrecen microcréditos sociales para personas en exclusión financiera.

No requieren aval.

Importes reducidos (entre 300 € y 5000 €).

Finalidad: cubrir necesidades básicas, formación o autoempleo.

b) **Ayudas públicas directas**
- Existen programas estatales, autonómicos y municipales de ayuda:
- Subsidios de vivienda o alquiler.
- Rentas mínimas de inserción.
- Ayudas al pago de suministros.

Estas ayudas no cancelan deudas, pero alivian la carga mensual y permiten reorganizar la economía familiar.

c) **Ejemplo práctico.** Carmen, en paro y con dos hijos, accedió a un microcrédito social de 2000 € para poner en marcha un pequeño negocio de repostería. Esto le permitió generar ingresos y evitar recurrir a créditos usureros.

Planes de pago con Hacienda y la Seguridad Social

a) **Fraccionamiento y aplazamiento.** Tanto Hacienda como la Seguridad Social permiten aplazar o fraccionar deudas:
- Plazos de hasta 36 meses, en algunos casos más.
- Intereses reducidos.
- No siempre se exige aval para cantidades moderadas.

b) **Ventajas**
- Evita embargos inmediatos.
- Permite mantener la actividad económica.

c) **Limitaciones.** No se perdona la deuda, solo se aplaza.

Si se incumple el plan, se reactivan los recargos y embargos.

d) **Ejemplo práctico.** Un autónomo con 6000 € de deuda con la Seguridad Social consiguió un plan de 24 meses pagando 250 € al mes, lo que le permitió seguir trabajando sin perder clientes por embargos.

La importancia de pedir ayuda a tiempo

a) **El problema de esperar demasiado.** Muchas personas dejan pasar los meses pensando que podrán recuperarse por sí solas. El resultado es que cuando buscan ayuda ya es tarde:
   - Se han acumulado intereses y recargos.
   - Han perdido bienes embargados.
   - La deuda es mucho mayor.

b) **Ventajas de actuar pronto**
   - Mayor margen de negociación con acreedores.
   - Más opciones para acogerse a programas públicos.
   - Evitar el colapso emocional que genera el acoso de recobros.

c) **Asesoramiento especializado.** Buscar ayuda en asociaciones de consumidores, abogados especializados o servicios públicos de orientación jurídica puede marcar la diferencia entre hundirse o encontrar una salida.

Complementariedad con la segunda oportunidad

Estas alternativas no excluyen la Ley de Segunda Oportunidad; al contrario, pueden servir como pasos previos o complementarios:

- Negociar con bancos puede reducir la deuda antes del procedimiento.
- Un plan de pago con Hacienda puede facilitar la exoneración parcial posterior.
- El alquiler social puede estabilizar la situación familiar mientras se tramita la ley.
- La clave es entender que existe un ecosistema de soluciones y que la segunda oportunidad es la más radical, pero no la única.

Conclusión

La Ley de Segunda Oportunidad es un derecho valioso y ofrece un reinicio económico, pero no es el único camino frente al sobreendeudamiento. Existen otras opciones:

- Negociaciones directas con acreedores.
- Reestructuración hipotecaria mediante el Código de Buenas Prácticas.
- Dación en pago y programas de alquiler social.
- Microcréditos sociales y ayudas públicas.
- Planes de pago con Hacienda y la Seguridad Social.

Todas estas alternativas ofrecen alivio y, en muchos casos, pueden ser suficientes para evitar llegar al extremo de un procedimiento judicial.

El mensaje final es claro: si tienes problemas de deudas, pide ayuda cuanto antes. No te resignes. Ya sea a través de la Ley de Segunda Oportunidad o de las vías alternativas aquí explicadas, siempre existe una salida.

Un cambio de paradigma

Durante muchos años en España, las deudas eran una condena de por vida. Un empresario podía cerrar su sociedad y volver a empezar, pero un autónomo o un particular quedaba atrapado en una espiral de embargos y acoso de acreedores que podía durar décadas. La Ley de Segunda Oportunidad cambió este paradigma. Por primera vez, se reconoció que las personas físicas también merecen un mecanismo de reinicio, igual que las empresas. Hoy, miles de familias y autónomos han podido rehacer su vida gracias a este procedimiento.

Una herramienta de justicia social

La ley no es un regalo ni una trampa para no pagar, sino una medida de justicia social. Protege a quienes actuaron de buena fe, trabajaron mucho y aun así no pudieron hacer frente a sus deudas. Se trata de equilibrar la relación entre deudores y acreedores, y de ofrecer una salida digna a quienes, sin esta ley, estarían condenados a la exclusión económica.

Un motor económico

Más allá del plano personal, la ley también tiene un impacto positivo en la economía:

- Libera a personas que de otro modo vivirían en la economía sumergida.
- Permite que autónomos y empresarios reemprendan sin cargas pasadas.
- Estimula el consumo y la actividad económica, al devolver capacidad financiera a miles de ciudadanos.

En definitiva, la segunda oportunidad no es solo un alivio individual, sino también una herramienta de regeneración económica y social.

El valor de la educación financiera para no repetir errores

Deudas inevitables y deudas evitables

Hay deudas que surgen por circunstancias inevitables: una crisis económica, una pandemia, un despido inesperado o una enfermedad. Otras muchas, en cambio, son consecuencia de la falta de educación financiera

Uso excesivo de tarjetas de crédito

- Contratación de préstamos sin calcular la capacidad real de pago.
- Desconocimiento de los intereses y condiciones de los créditos rápidos.
-

- Ausencia de ahorro para imprevistos.
- Aprender de la experiencia

La ley ofrece un reinicio, pero el verdadero cambio se produce cuando el deudor reflexiona sobre lo ocurrido y adquiere hábitos financieros más sanos:

Elaborar un presupuesto mensual

- Evitar deudas de consumo innecesarias.
- Ahorrar una parte de los ingresos, aunque sea pequeña.
- Comparar productos financieros antes de contratarlos.
- Buscar asesoramiento cuando se tomen decisiones importantes (hipoteca, avales, préstamos).
- Educación financiera desde la base

Es fundamental que la sociedad incorpore la educación financiera como parte de la formación básica. Saber cómo funcionan los préstamos, los intereses, los embargos o los avales debería ser tan importante como aprender matemáticas o lengua. Una población informada es menos vulnerable a caer en trampas financieras y más capaz de aprovechar sus recursos.

Consejos finales para quienes estén pensando acogerse a la Ley de Segunda Oportunidad

1. **No esperes demasiado.** Uno de los errores más comunes es retrasar la decisión. Muchas personas pasan años soportando embargos, intereses y llamadas de recobro, cuando la ley podría haber resuelto su situación mucho

antes. Cuanto antes se actúe, antes llegará la tranquilidad.

2. **Busca asesoramiento especializado.** El procedimiento es complejo, con lo cual intentar afrontarlo sin ayuda puede llevar al fracaso. Lo recomendable es contar con un abogado o despacho especializado en segunda oportunidad. Pregunta por referencias, pide presupuestos y asegúrate de que conocen bien la normativa.

3. **Sé absolutamente transparente.** Ocultar bienes o ingresos es la peor estrategia. La transparencia y la colaboración con el juzgado y el administrador concursal son claves para el éxito.

4. **Aporta toda la documentación.** Cuanta más información tengas desde el inicio, más rápido y fluido será el proceso. Reúne contratos, extractos, declaraciones de la renta, escrituras, nóminas, etc.

5. **Prepárate emocionalmente.** El camino no es sencillo. Puede durar entre 12 y 24 meses y generar momentos de ansiedad. Es importante afrontarlo con paciencia, apoyarse en familiares y mantener la vista en el objetivo: la exoneración de las deudas.

6. **Aprende de la experiencia.** La segunda oportunidad es un reinicio, pero para que sea duradero hay que cambiar los hábitos financieros que se tienen y evitar caer en los mismos errores.

7. **Ten en cuenta a tu entorno.** Si tienes pareja, familia o avalistas, es fundamental hablar con ellos y explicarles el proceso. La ley es personal, pero sus efectos pueden repercutir en el entorno cercano.

Recursos y contactos útiles

a) **Profesionales especializados.** Existen despachos de abogados especializados en segunda oportunidad en casi todas las provincias. Algunos trabajan a éxito o con facilidades de pago. Antes de elegir, compara condiciones y experiencia.

b) **Abogados de oficio y justicia gratuita.** Si los ingresos son bajos, es posible solicitar justicia gratuita. Los colegios de abogados ofrecen este servicio y pueden designar un letrado de oficio.

c) **Asociaciones de consumidores.** Las organizaciones como OCU, FACUA o las asociaciones de autónomos cuentan con información y, en algunos casos, servicios jurídicos vinculados a la ley.

d) **Servicios de orientación jurídica.** Los colegios de abogados disponen de servicios gratuitos de orientación en casi todas las ciudades. Allí se pueden resolver dudas iniciales y recibir indicaciones sobre cómo empezar el proceso.

e) **Recursos *online* oficiales.** Ministerio de Justicia: ofrece información sobre la Ley Concursal y procedimientos de insolvencia.

- Consejo General del Poder Judicial (CGPJ): publica estadísticas y guías sobre concursos de persona física.
- BOE: textos actualizados de la Ley Concursal y sus reformas.

f) **Apoyo psicológico y social.** El sobreendeudamiento no solo es un problema económico, también afecta a la salud mental.

Las asociaciones y los colegios de psicólogos ofrecen programas de apoyo a personas endeudadas. Buscar ayuda profesional es recomendable para gestionar el estrés del proceso.

El verdadero valor de la segunda oportunidad

Más allá de las cifras

El éxito de la ley no se mide solo en el número de personas que se acogen, sino en las vidas que transforma. Cada caso resuelto es una familia que deja de vivir con la presión de las llamadas, los embargos y el miedo al futuro.

Un mensaje de esperanza

La segunda oportunidad envía un mensaje claro: nadie debería quedar condenado de por vida por sus deudas. Todos podemos cometer errores o sufrir infortunios; lo importante es tener la posibilidad de levantarse, aprender y seguir adelante.

Una invitación a ponerse en marcha

Si estás leyendo este libro y te sientes identificado con las situaciones descritas, recuerda:

- No estás solo.
- Existen mecanismos legales que te protegen.
- Con asesoramiento adecuado, puedes liberarte de tus deudas y empezar de nuevo.

La Ley de Segunda Oportunidad no es perfecta

Tiene limitaciones (sobre todo con las deudas públicas), los procesos pueden ser largos y costosos, y aún existe un gran desconocimiento social; pero también es cierto que ha cambiado la vida de miles de personas en España.

Este libro ha querido ser una guía clara y práctica, que explique con sencillez cómo funciona la ley, qué implica y qué se puede esperar de ella.

Si algo debes recordar al terminar estas páginas es lo siguiente:

- Sí existe salida. Aunque ahora las deudas te parezcan una montaña imposible, la Ley de Segunda Oportunidad ofrece un camino real.
- No es un regalo, es un derecho. Se concede a quienes actúan de buena fe y colaboran en el procedimiento.
- No es el final, es un nuevo comienzo. La ley borra las cargas pasadas, pero el futuro depende de ti.

Con transparencia, paciencia y aprendizaje, la segunda oportunidad puede convertirse en tu mejor aliada para recuperar la tranquilidad, la estabilidad y la dignidad económica.